百 将 图

候蔼奇 ———— 著

图文版人物写真

陕西新华出版 三秦出版社

出版说明

这是一套浓缩的中国历史普及读物，它舍去斑驳陆离的历史过程、莫衷一是的是非功过，只是眼盯着历史上那些鲜活生动的三教九流、芸芸众生，按照特定的价值尺度，选取一百名风格各异的人物。如果说五千年中国历史是一部戏剧，那么这些人物基本上就是剧中的主要演员了。《百将图》荟萃了各个朝代的军事精英，名将们以其大智大勇力挽狂澜而赢得了人们的尊敬，他们有的是一仗成名，少年得志；有的是老谋深算，百战百胜。战争和危难为他们提供了一展身手的机遇，使他们名垂青史。《百美图》实则是中国历史上女性群体中的翘楚，容貌和姿色并不是她们入选的主要资本，聪慧和善良才使她们备受垂青。《百孝图》搜辑历代孝亲敬老故事，意在延续中华古代第一美德的血脉。《百帝图》总结历代帝王兴衰成败的关键，通过一个个故事把美德和痼疾同时展现。《百贤图》汇辑历代名臣言行和儒林故事，描绘了中国古代士大夫的精神风范。《百仙图》着眼于遁世避俗者这一特殊群体，用小说家言诠释他们的准真实故事。

此次整理出版这套小书，基本都是在古人原书基础上，补充了大量资料后改写而成稿。书中插图大多数为古书原图，具有较高的欣赏和收藏价值。

目 录

磻溪坐钓（姜尚）……………………………（1）
吴宫教战（孙武）……………………………（3）
马陵伏弩（孙膑）……………………………（5）
济上劳军（乐毅）……………………………（7）
雁门纵牧（李牧）……………………………（9）
火牛破敌（田单）……………………………（11）
登坛拜将（韩信）……………………………（13）
鸿门闯宴（樊哙）……………………………（15）
细柳式车（周亚夫）…………………………（17）
冥山射虎（李广）……………………………（19）
钳徒论相（卫青）……………………………（21）
渡河受降（霍去病）…………………………（23）
雅歌投壶（祭遵）……………………………（25）
冰合滹沱（王霸）……………………………（27）
荒亭进粥（冯异）……………………………（29）
宫台望战（耿弇）……………………………（31）
高平斩使（寇恂）……………………………（33）
受檄击郾（贾复）……………………………（35）
无终夺军（吴汉）……………………………（37）
聚米为山（马援）……………………………（39）

百将图

城门断限（臧宫）………………………………（41）
投笔封侯（班超）………………………………（43）
疏勒拜泉（耿恭）………………………………（45）
酹酒还金（张奂）………………………………（47）
增灶断追（虞诩）………………………………（49）
合肥陷阵（张辽）………………………………（51）
截江救主（赵云）………………………………（53）
释严定蜀（张飞）………………………………（55）
牙门建旗（典韦）………………………………（57）
曳牛惊贼（许褚）………………………………（59）
赤壁纵火（周瑜）………………………………（61）
神亭搏战（太史慈）……………………………（63）
酌酒厉兵（甘宁）………………………………（65）
阴平凿险（邓艾）………………………………（67）
铁锁沉江（王浚）………………………………（69）
官斋运甓（陶侃）………………………………（71）
长桥搏蛟（周处）………………………………（73）
铁面督战（朱伺）………………………………（75）
踏鞍拔箭（毛宝）………………………………（77）
蒙冲溯渭（王镇恶）……………………………（79）
冢间埋肉（周访）………………………………（81）
唱筹量沙（檀道济）……………………………（83）
狐帽吓蛮（沈庆之）……………………………（85）
制狮御象（宗悫）………………………………（87）
望蔡伏兵（周山图）……………………………（89）
父子突围（周盘龙）……………………………（91）

观㮕折树（羊侃）……………………………………（93）
齐镖射猎（杨大眼）…………………………………（95）
射还赏格（韦孝宽）…………………………………（97）
岐亭攻栅（杨素）……………………………………（99）
威临突厥（韩擒虎）…………………………………（101）
单骑赌胜（史万岁）…………………………………（103）
一箭双雕（长孙晟）…………………………………（105）
援杆系索（沈光）……………………………………（107）
对开幕府（柴绍）……………………………………（109）
殿前夺槊（尉迟恭）…………………………………（111）
天山三箭（薛仁贵）…………………………………（113）
免胄见酋（郭子仪）…………………………………（115）
策降二将（李光弼）…………………………………（117）
登堤斩将（白孝德）…………………………………（119）
射蒿辨贼（南霁云）…………………………………（121）
雍丘固守（雷万春）…………………………………（123）
火焚攻具（韩游瓌）…………………………………（125）
宝舆迎捷（崔宁）……………………………………（127）
衵呼决阵（李嗣业）…………………………………（129）
披心示贼（马燧）……………………………………（131）
隧陷云梁（浑瑊）……………………………………（133）
锦裘督战（李晟）……………………………………（135）
橐鞬谒道（李愬）……………………………………（137）
穴城出击（石雄）……………………………………（139）
林中夺马（柴再用）…………………………………（141）
锤击野叉（周德威）…………………………………（143）

3

百将图

棘林赤脚（王彦章）……………………………………………(145)
焚香禁杀（曹彬）………………………………………………(147)
礼让败敌（曹玮）………………………………………………(149)
微服度关（狄青）………………………………………………(151)
注水冰城（杨延昭）……………………………………………(153)
单骑赴州（宗泽）………………………………………………(155)
水战杨幺（岳飞）………………………………………………(157)
桴鼓助战（韩世忠）……………………………………………(159)
任城血战（杨存中）……………………………………………(161)
涡口占风（刘锜）………………………………………………(163)
黄柑遗敌（吴玠）………………………………………………(165)
新立叠阵（吴璘）………………………………………………(167)
点军纵鸽（曲端）………………………………………………(169)
入府缚酋（王德）………………………………………………(171)
建旗骇敌（毕再遇）……………………………………………(173)
酹酒止风（李宝）………………………………………………(175)
据关饮宴（魏胜）………………………………………………(177)
回军斩将（伯颜）………………………………………………(179)
里门举狮（史弼）………………………………………………(181)
伏阶称罪（徐达）………………………………………………(183)
超登采石（常遇春）……………………………………………(185)
麾退女乐（李文忠）……………………………………………(187)
一鼓夺山（傅友德）……………………………………………(189)
白石济师（沐英）………………………………………………(191)
立斩三酋（沈希仪）……………………………………………(193)
楼船击倭（俞大猷）……………………………………………(195)

阵演鸳鸯（戚继光）………………………………（197）
平台赐彩（秦良玉）………………………………（199）

磻溪坐钓

吕尚是周初辅佐周武王灭商的著名将领。东海（今山东一带）人，本姓姜，后改吕氏，名尚。一说字子牙，俗称姜太公。著兵书《六韬》。商朝末年，年迈的吕尚听说周文王正在四处访求人才，便毫不犹豫地从商地来到渭水之滨。吕尚每次在磻溪（一名璜河。在今宝鸡市东南）边坐着钓鱼时，鱼钩是直的，上面不放鱼饵，他经常一边高举钓竿，一边自言自语地说："不钓鱼鳖，独钓王侯。"人们都讥笑他。

一天，周文王准备外出打猎，临行前他占了个卜，卜者说："您这次出门获得的既非龙，又非螭，既非虎，又非罴，而是实现王霸的辅佐。"当文王行至磻溪时，果真遇到正在垂钓的吕尚，便主动上前搭话。他俩越谈越投机，老人对当时军事形势的分析使文王赞叹不已。文王高兴地说："我的先祖太公曾说，当有圣人兴周，您正是兴复周室的人呵！我的先祖已经盼望好久了！"于是，立即把吕尚扶上马车，一道回到宫中，拜为国师。

周文王对吕尚非常尊重，事事与他商量。在吕尚的辅佐下，三分天下，周文王有其二，为消灭商朝奠定了坚实的基础。

周文王病故，周武王继位，仍拜吕尚为国师，号称尚父。吕尚积极帮助周武王进行灭商的准备。公元前1027年，商朝灭亡。

百将图

吴宫教战

孙武是春秋末军事家。字长卿，齐国乐安（今山东博兴）人。著《孙子兵法》十三篇。吴王读过《孙子兵法》后，十分赞赏，于是便传令召见孙武。吴王问孙武："你能操练宫中的女子吗？"孙武回答："可以。"吴王很惊异。

这天中午，孙武来到宫中教练场，把前来操练的一百八十名宫女分成两队，指定吴王最宠爱的两位妃子担任左右队长，然后把兵器发给大家。孙武登上指挥台问道："你们都知道自己的前心、后背和左右手吗？"大家答道："知道。"孙武说："操练时以鼓声为准，向前看前心，向左看左手，向右看右手，向后看后背。"大家听明白后，孙武命人扛来大斧，一再告诫大家听从命令，违令者斩首。操练开始，孙武击鼓传令："右！"宫女们听到鼓声都觉得好玩，便大笑不止。孙武见状，以为是自己没讲清楚，就主动承担了过错。孙武把操作要领和军队纪律又反复讲了几遍，又开始操练。孙武击鼓传令"左！"宫女们又大笑起来。孙武严厉地说："军令我已反复讲明，你们不按命令执行，这就是违法，违法者应当斩首！"于是下令将两名队长推下去斩首。

正在望云台上观看操练的吴王，急忙传令："勿斩！"孙武说："臣既已受命为将，将在军，君命有所不受。"说完，将吴王的两位爱妃斩首。孙武重新操练宫女们，结果动作要领全都合乎要求。

吴王深信孙武会用兵，于是拜为将军。

百将图

马陵伏弩

孙膑是战国时军事家。齐国阿（今山东阳谷东北）人，孙武后裔。

公元前342年，魏惠王任命庞涓为大将，率魏军攻打韩国，韩国向齐国求救。齐威王命田忌为主将，孙膑为军师，起兵伐魏救韩。孙膑指挥齐军直逼魏都城大梁。庞涓得知大梁告急，便火速班师回魏。当魏军马不停蹄地赶到大梁时，齐军已经开始撤退。为了与齐军决一雌雄，庞涓率军猛追齐军。孙膑让齐军在撤离途中逐日减少营地军灶数目，三天内从十万灶减到五万灶，再减到二万灶，造成齐军溃不成军的假象。庞涓果然中计，昼夜兼程向齐军追来。

孙膑一面诱敌，一面准备好在马陵（今山东莘县西南）歼灭庞涓。马陵是战国时自魏至齐的必经之路，地势十分险要。在两山夹一谷的谷底道旁有一棵大树，是伏击敌人的绝佳之处。孙膑命令士卒将大树剥去一层树皮，露出一段白色木质，他用黑炭在白木上写道："庞涓死于此树之下！"为阻止魏军前行，孙膑又命士卒砍伐树木，堆集在谷底的道路当中。然后命一万名弓箭手埋伏在道路两边的山上，并吩咐道："夜里只要看见火光，你们就一齐放箭。"追杀与接应的部队都奉令待发。

傍晚的时候，庞涓率军果然追至马陵道，见道旁树上有字，便令人点火来照。刹那间齐军万箭齐发，庞涓身中数箭后拔佩剑自杀。魏军大乱，二万精锐死伤惨重，所有辎重都被齐军缴获。

百将图

济上劳军

乐毅是战国时期燕国将领。灵寿（今河北灵寿西北）人。燕昭王执政时，为报齐破燕之仇，广招天下贤士，乐毅应招从魏国来到燕国，被拜为亚卿。

有一次，燕昭王向乐毅询问伐齐之事，乐毅陈述了自己的观点，他认为齐国地大人众，单凭燕国的势力打不过齐国，只有联合赵、韩、魏、秦四国才能打败齐国。燕王听完后，觉得很有道理，于是，派乐毅出使赵国和秦国，派剧辛联络魏国和韩国。齐国的骄暴，早就激起了其它诸侯国的不满，听说要联兵伐齐，各国都积极响应。

燕昭王二十八年（前284年），乐毅被任命为上将军，率领五国军队在济水西（黄河以南，当时齐国西北境）与齐军交战，结果齐军大败。

济西大捷后，赵、秦、韩、魏四国军队都班师回国，只有乐毅率领的燕军还在继续追赶齐军，一直把齐湣王追到临淄城下。齐湣王见燕军势不可挡，便带领少数臣僚四处奔逃，最后逃往营州（今山东莒县）固守。乐毅率军攻入临淄，将齐国的财宝祭器装了八大车，运回燕国。

燕昭王听到燕军大获全胜，满载而归的消息后，非常高兴，亲自到济水边慰劳将士，迎接燕军凯旋而归。封乐毅于昌国（今山东淄博市东南），号昌国君。

百将图

雁门纵牧

李牧是战国末年赵国大将。战国时期，匈奴屡次在赵国北部边境掠夺财物，对赵国构成威胁。赵孝成王任命李牧为镇守雁门郡（今山西河曲、宁武等县以北）的大将。李牧上任后，采取坚壁清野的防守战术，许多士卒对此都很不理解，认为他是个惧怕匈奴的将军。

李牧对边关士卒非常关心，每天宰杀牛羊犒赏士卒，并亲自教士卒骑马、射箭、进行实战演习。经过近十年的养精蓄锐，士卒们情绪高涨，都愿意报效赵国，与匈奴决战。李牧认为赵军与匈奴决战的条件已经成熟，于是精选战车一千三百乘，战骑一万三千匹，勇敢善战士兵五万人，射箭好手十万人，为决战做准备。

一天，李牧通知雁门一带的百姓都出去放牧，顿时间满山遍野都是牧人和牲畜。匈奴人见此情景，派出小股骑兵前来抢掠。李牧让赵军掩护着牧民假装败退，有意丢下一些牲畜，并让数十人被匈奴抓去。匈奴单于获此消息，亲自率领十万大军进犯赵国边境。李牧亲自指挥作战，汉军分三路大军，正面迎敌，左右包抄，将敌军团团围住。在一片战马嘶鸣的喊杀声中，赵国军队大破匈奴主力十余万。此后十余年间，匈奴再也不敢侵扰赵国边境了。

百将图

火牛破敌

田单是战国时齐国将领。临淄（今山东淄博东北）人。

当乐毅长驱直入攻下齐国七十余城时，田单逃到了仍被齐国占据的即墨，并被推举为将军。田单利用燕惠王刚即位这一有利时机，用反间计，使燕国用骑劫代替乐毅为将。接着，田单又拥立神师，统一众心，积极准备与燕军决战。

田单一面用各种办法麻痹敌军，一面加紧征集牛群。他命人给一千多头牛穿上涂有五颜六色图案的大红绸衣；在牛角上绑扎两把犀利尖刀；把浇了油的麻苇捆在牛尾巴上；同时在城墙根挖了几十个洞口，把牛埋伏在里面。田单又挑选了五千名壮士，命他们穿上五彩衣服，在脸上涂上各种颜色，作战时跟在牛的后面。

这天夜晚，田单下令全面出击。士卒们迅速用火将牛尾巴上的麻苇点着，五千壮士手持利刀，驱赶着千头彩牛，从洞穴中冲出，狂奔着向燕营冲去。火牛在燕营中横冲直撞，见人就戳。五千名紧跟在火牛后面的壮士，怀着对燕军的满腔仇恨，奋勇杀敌，所向披靡，如入无人之境。燕军被突如其来的"神兽天兵"打得溃不成军，死伤遍地。田单趁燕军被困之际，率领即墨城中所有士卒也冲杀过来，城中的妇女老弱使劲敲鼓摇旗，为齐军助威。燕军主将骑劫在出逃时被田单杀死。

齐军大破燕军之后，又乘胜追击，将燕军占据的七十余城全部收复。

百将图

登坛拜将

韩信是西汉初著名将领。秦末淮阴（今江苏清江西南）人。秦末农民起义中，韩信归属项羽，未被重用，又改而投奔刘邦，当了个治粟都尉（掌管粮秣），也没有得到重用。后来，韩信结识了萧何。萧何与韩信交谈几次之后，发现韩信是个难得的军事人才，于是，多次把韩信推荐给刘邦，刘邦没有采纳萧何的建议。韩信见刘邦不重用自己，于是就在去南郑的路上逃走了。萧何得知此事，亲自跑去追赶韩信，硬是把韩信劝说回来。萧何极力向刘邦推荐韩信，并说："一般将领容易得到，而像韩信这样的人才却举国无双。大王如果只打算在汉中当王，不用韩信倒也可以；如果大王想争夺天下，那一定得用韩信这样的人。到底用不用韩信，就看大王的决断了。"刘邦听了萧何的一番劝说后，决定拜韩信为大将。

刘邦听从萧何的建议，指派专人搭建拜将坛，并准备亲自登坛拜将。吉日那天，刘邦早早起床，沐浴更衣，戒荤戒酒。一切准备完毕，刘邦来到了拜将坛前。

隆重的拜将仪式就要开始了，群臣们听说要拜大将，都非常高兴，都希望汉王能拜自己为大将。当宣布请被拜人登台时，无数双目光都投向了拜将台，许多将领万万没有想到，登上将台的竟是受过跨下之辱的韩信，全军上下不禁面面相觑。

百将图

鸿门闯宴

樊哙是西汉初将领。沛（今江苏沛县）人。公元前206年刘邦攻占秦都咸阳后，派兵驻守函谷关。不久项羽率四十万大军攻入，进驻鸿门（今陕西临潼东），准备消灭刘邦。经项羽叔父羽伯调解，刘邦带领一百多人至鸿门会见项羽。宴会上，范增命项庄舞剑，想乘机刺杀刘邦，项伯也拔剑起舞，用身体保护刘邦。张良一看情况不妙，赶快跑出帐外，找到了樊哙。

为了保护刘邦，樊哙立即带剑持盾就往军帐里冲。守门的卫士横着枪不让他进去，他就用盾牌把卫士撞倒在地，三步并做两步地闯到了宴前。樊哙头发竖起，怒目圆睁，直挺挺地站着。项羽见有人闯进，大吃一惊，按着宝剑厉声问道："你是什么人？"张良答道："他是沛公的卫士樊哙。"项羽说："好一个壮士！"并命左右赐给他一碗酒和一条猪腿。樊哙端起酒一饮而尽，然后拔剑切肉，一会功夫将肉吃完。项羽又问："还能喝酒吗？"樊哙答道："我死都不怕，还在乎一碗酒吗？"接着，他义正辞严地对项羽说："沛公先入咸阳，把军队退到霸上，等待大王到来。沛公这样劳苦功高，大王不但没有封赏他，反而听信小人谗言，要杀有功之人，这样做跟亡秦有什么区别？"项羽听了樊哙的质问，无话可答。

刘邦乘机离席入厕，并招呼樊哙一同出去。刘邦在樊哙等四人的护从下，安全地返回了霸上军营。

百将图

细柳式车

周亚夫是西汉名将。沛（今江苏沛县）人。公元前158年，匈奴派六万大军进攻中原，直接威胁到长安的安全，汉文帝闻讯后，立即任命周亚夫为将军，驻军细柳（今陕西咸阳西南）。为了了解各军备战情况，汉文帝亲自到各军营视察，慰劳军队，去霸上和棘门劳军时，汉文帝一行长驱直入，驻军将领都下马迎送。

当汉文帝来到细柳军营时，情况却迥然不同。将士们披甲执锐，弓上弦，刀出鞘，戒备森严，好像临敌一般。文帝的先遣队来到营门前，守营的哨兵立即拦阻，不让进去。先遣队官员说："皇帝马上就到，快打开营门！"营门守卫说："将军有令：'军中只听将军的命令，不听天子的诏令'。"不一会，汉文帝的车驾到了，照样被守营的将士拦住。于是文帝命使臣持节诏告周亚夫：皇帝前来劳军。这样，周亚夫才传令打开营门。当护送文帝的人车进入军营时，营门官说：军中规定，军营中不许策马疾驰！文帝只得让驭手勒缰徐行。周亚夫见文帝到来，握着兵器作了一个长揖说："臣盔甲在身，不能下拜，请允许我行军礼拜见。"汉文帝看到这种场面，肃然起敬，他也站起来扶着车前的横木，点头向周亚夫表示尊重。慰劳完毕后，汉文帝马上准备离开军营。

刚出军营大门，汉文帝便称赞说："哎呀，这才是真正的将军呀！"

百将图

冥山射虎

李广是西汉名将。陇西成纪(今甘肃秦安西北)人。李广是秦将李信的后裔,自幼学习祖传射箭之法,他身高臂长,精于骑马射箭。

有一次,李广和兄弟一起在冥山之北打猎,忽然看见一只老虎卧在那里,李广举弓搭箭,一箭就将老虎射死。他将老虎的头割下,把头骨带回家当枕头用,以此作为他征服猛兽的标志。李广还令人用铜把老虎铸成小便器的形状,以此表达他对老虎的极其憎恶之情。

还有一次,李广去冥山南麓打猎,发现草丛之中卧着一只猛虎,他全神贯注,用尽全身气力,拉弓放箭,向老虎射去。李广心想,这只老虎必死无疑。待他走到跟前仔细一看,原来射中的不是老虎,而是一块形状很像老虎的石头。因为他用力过猛,这支箭头深深地射入石头当中,连箭尾也几乎看不见了。

汉景帝任命李广为上郡太守,匈奴大举袭扰上郡,景帝派中贵人(相当于后来的太监)跟随李广出兵抵抗。一天,中贵人率几十名骑兵出营,与三个匈奴兵交战。三个匈奴兵搭箭猛射,结果中贵人被射伤,其余的人全被射死。李广得知此事,断定这三人一定是射雕的猎户,于是便亲自率领一百多骑兵前去追赶。李广张弓猛射,射死二人,活捉一人。经审问,这三人果真是射雕的猎户。

百将图

钳徒论相

卫青是西汉名将。字仲卿，河东平阳（今山西临汾西南）人。卫青少年时代当过放羊娃，长大后被平阳公主选为骑奴，侍奉平阳公主。有一次，卫青跟随家人到甘泉去，一个刑徒见他长得一表人才，气宇不凡，便给他看相，说："你是贵人相，将来一定会被封侯的。"卫青笑着说："我出身低微，能不挨打受骂就算不错了，哪里敢想封侯的事呢？"后来，卫青的姐姐卫子夫被汉武帝看中，卫青跟随姐姐来到了宫中。元朔元年（前128），卫子夫被立为皇后。卫青从此摆脱了奴隶地位，被升为太中大夫。卫青善骑射，材力绝人，深得汉武帝赏识，官至大司马、大将军，封关内侯。

汉武帝元光六年（前129）冬天，匈奴军队不断袭扰上谷（今河北怀来县东南）。他们抢夺财物，杀害百姓，无恶不作。汉武帝任命卫青为车骑将军，同公孙贺、公孙敖和李广一起兵分四路，各率万余骑北上抗击匈奴。卫青出上谷，长驱直入，直逼龙城（匈奴祭天、聚会之处），俘获匈奴七百余人，大胜而归。

百将图

渡河受降

霍去病是西汉名将。河东平阳（今山西临汾西南）人。元狩二年（前121），汉武帝任命霍去病为骠骑将军，率万余骑兵向河西进军。在汉军的沉重打击下，河西匈奴屡战屡败。浑邪王惧怕单于问罪，劝说休屠王共同降汉。汉武帝派霍去病前去受降。在霍去病还没有渡河之前，休屠王突然中途反悔，不想降汉了。浑邪王趁势将休屠王杀死，收编了他的军队。

霍去病率军渡过黄河后，准时赶到约定地点，浑邪王在列阵等候。双方阵营遥遥相望，气氛非常紧张。在浑邪王军中，一部分不愿降汉的将卒开始闹事，企图阻止浑邪王归降。这时，浑邪王军中开始出现骚乱。为了阻止事态不断扩大，霍去病当机立断，亲自率领精锐骑兵驰入匈奴营中，控制住浑邪王，同浑邪王谈判，命令浑邪王杀死不肯归顺的将卒八千人，迫使浑邪王的匈奴部卒四万余人全部缴械投降。

霍去病派人护送浑邪王乘坐驿站快车安全到达长安。自己则率领着匈奴部卒及汉军十万人，缓缓地渡过黄河，浩浩荡荡地返回长安。

百将图

雅歌投壶

祭遵是东汉初将领。字弟孙,颍川颍阳(今河南许昌西)人。公元24年,汉光武帝率军攻打颍阳一带,祭遵投奔刘秀,被收留作门下吏。不久,刘秀率军攻打河北,祭遵被任命为"军市令",负责掌管军营纪律,有一次,刘秀身边的一个侍从犯了法,祭遵查明罪状,依法将他处死。刘秀得知此事,非常生气,下令逮捕祭遵,后来多亏主簿陈副相救,才被光武帝赦免,并擢升为刺奸将军。光武帝对诸将说:"你们都得防备一点祭遵将军,我的侍从犯了法他都敢杀,对于你们的不法行为,他就更不会徇私袒护了。"

刘秀对祭遵很器重,任命他为征虏将军。一次,在攻打南方割据势力的战斗中,祭遵不幸被一支弩箭射中,鲜血从受伤的洞口中涌出。士兵们见祭遵负伤,就稍微后退了一点,祭遵顾不得伤痛,高声指挥着,让士兵们向前冲。士兵们被祭遵的英勇精神所感动,他们使出百倍的力量同敌人作战,一举将敌人歼灭。祭遵因作战有功,被拜为将军。

祭遵很小的时候就喜欢读经书,虽然身为将军,驰骋疆场,仍然笃好儒家的学术思想。他信重文人,并上言为孔子立后,置五经大夫。祭遵虽为武将,却学问深湛,气度温文尔雅,对酒设乐必定要吟雅诗并作投壶游戏。

百将图

冰合滹沱

王霸是东汉将领。字元伯，颍川颍阳（今河南许昌西南）人。王霸跟随刘秀作战，行至河北，刘秀被王郎的军队追到滹沱河一带。将士们一边急着赶路程，一边议论说："听说那里的河水很深，没有船是渡不过去的。"大家越说越害怕。在前无渡船，后有追兵的紧急时刻，刘秀派王霸前去察看情况。王霸在滹沱河边仔细观察一会，回来谎报说："河水表面的冰结得很坚硬，大家可以渡河！"将士们听到这振奋人心的消息后，都特别高兴，不由得加快了行军的步伐。当刘秀带着大队人马赶到滹沱河边时，河水果然结成了坚实的冰块。王霸对大家说："赶快抓紧时间过河吧，不然就来不及了。"王霸先护送刘秀从冰层较厚处安全过河，将士们也都排着队列依次过河。当刘秀的军队顺利通过滹沱河后，河面的冰块便开始融化。王郎带人追到河边，只能眼看着刘秀的队伍就在滹沱河对面，他却毫无办法。

刘秀因此躲过了王郎军队的追击。后来，刘秀又重新聚集力量，夺取邯郸后，将王郎斩首。刘秀即位后，拜王霸为偏将军。

百将图

荒亭进粥

冯异是东汉著名将领。字公孙,颍川父城(今河南宝丰东)人。好读书,通《左氏春秋》、《孙子兵法》。冯异先后跟随刘秀至洛阳,入河北,破王郎,为刘秀建立东汉王朝立下汗马功劳。

更始元年(23),冯异跟随刘秀进入河北。刘秀初到河北,既无固定住所,又无基本武装,处境相当窘迫。更始二年冬天,刘秀率汉军由蓟中(今北京市)一路向南奔逃,行至饶阳无蒌亭(今河北肃宁县南)时,才歇息下来。将士们都感到极度的寒冷和饥饿。这时,豆粥烧好了,冯异亲手端起豆粥给刘秀喝。第二天早晨,刘秀对在座的将领说:"昨天喝了公孙给我的豆粥,饥饿和寒冷都感觉不到了。"

刘秀率部队到达南宫县时,又遇到了刮大风,下大雨,将士们的衣服都湿透了。行走一段时间,冯异发现了一座空房子,于是,赶忙上前把刘秀扶下车,进到房子里避雨。空房子中留有柴和麦子,冯异便抱了一堆柴,邓禹燃火,他俩一边煮着麦饭,一边为刘秀烘烤湿衣。很快,麦饭做好了,刘秀的湿衣也烘干了。冯异端起刚出锅的麦饭请刘秀吃。

刘秀称帝后,还经常向人提起公孙豆粥与麦饭。

百将图

宫台望战

耿弇是东汉著名将领，字伯昭，东汉扶风茂陵（今陕西咸阳西）人。公元25年，刘秀称帝，封耿弇为建威大将军，率军镇压山东北部的张步。耿弇率军东进，一举攻下了临淄。张步与他的三个弟弟及大将重异等率军二十万，进至临淄城东，连营数里，准备攻城。耿弇先出兵淄水，列阵岸旁，与重异之军相遇。张步的军队来势凶猛，士气正旺，如果汉军主力在这时与之交战，难免会遇到挫折。于是，耿弇命汉军主力部队，假装成很胆怯的样子向城内撤退，只留下都尉刘歆的部队列阵城下。重异以为汉军不堪一击，于是，步步进逼，张步也自恃兵多，直攻汉营，与刘歆交战。

耿弇在城内登高台观战，看时机已到，立即亲自率领主力精兵突出东门，向张步的阵营猛冲过去，大破敌军，斩杀无数。张步命令弓弩手放箭，一支箭正好射中耿弇的大腿，耿弇执佩刀截断箭镞，镇定自若，继续指挥汉军作战。

第二天早晨，耿弇又要出兵作战，陈俊等人劝阻道："敌众我寡，不如闭门休士，等陛下的援军到了，再与敌军决战也不迟。"耿弇回答说："陛下驾到，做臣子的应当杀牛献酒迎接百官，怎么能把杀敌的事情留给圣上呢？"

说罢，便引军出战，大获全胜。

百将图

高平斩使

寇恂是东汉著名将领。字子翼,上谷昌平(今北京昌平南)人。建武十年,隗嚣手下的将领高峻固守高平(今甘肃固原),刘秀进军至汧县(今陕西陇县),派寇恂前往招降。高峻派军师皇甫文至城外拜谒,皇甫文言语态度傲慢,寇恂大怒,命人将皇甫文斩首。许多将领劝说寇恂不要杀皇甫文,寇恂不听,杀了皇甫文,将高峻派来的副使放回去,并让他转告高峻:"要投降就赶快投降,不想降就坚守。"高峻听了副使的传话后,当天就打开城门投降了。

事后,许多人都来问寇恂:"你杀了高峻的使者,高峻却反而前来投降,这是什么原因呢?"寇恂回答说:"皇甫文是高峻的心腹。他辞礼不屈,证明他根本就不打算投降,杀掉皇甫文,高峻被吓破了胆,所以主动来向我们投降。"听了寇恂的回答,诸将都佩服地说:"你真是胆略过人,我们望尘莫及啊!"

寇恂在朝廷中地位显赫,他从自己的俸禄中,拿出许多资助他的朋友、故人以及随从吏士。他常说:"我是靠大家的帮助,才取得这样丰厚的待遇,我怎么能独自享用呢?"众人都说他有宰相的度量。

百将图

受檄击郾

贾复是东汉著名将领。字君文，东汉南阳冠军（今河南邓县）人。刘秀称帝后，拜贾复为执金吾，封冠军侯。当时，更始帝派驻的郾王尹尊以及南方诸将还没有降服刘秀，刘秀决心讨平群雄，实现统一大业。有一天，光武帝召集诸将商议出师之事，他把檄文叩在地上说："郾城的实力最强，其次是宛城（在今河南南阳），谁敢率兵攻打呢？"话音刚落，贾复坚定地回答说："我愿意去攻打郾城。"光武帝笑着说："执金吾前去攻打郾城，我还担心什么！宛城应当由大司马率兵攻打。"

贾复受命之后，率骑都尉阴识、骁骑将军刘植引军南下。郾城守将尹尊组织兵力迎战。贾复集中优势兵力破敌，接连取胜，尹尊被迫退入城内固守。两军相持数月，郾城的粮食吃完了，又得不到外部援助，不得不缴械投降，贾复一举将郾城收复。

贾复作战骁勇，攻城野战，未曾丧师，在他的身上留有十二处创伤。

百将图

无终夺军

吴汉是东汉著名将领，字子颜，南阳宛县（今河南南阳）人。吴汉起初被渔阳太守彭宠拜为安乐令，公元23年，在王郎与刘秀的角逐中，双方都在争取各郡县归附自己。在吴汉的劝说下，彭宠归附了刘秀，并和刘秀一起攻打在邯郸称帝的王郎，王郎大败，邯郸被汉军攻克。吴汉被刘秀拜为偏将军。

不久，刘秀拜吴汉为大将军，前往幽州（今北京市）发十郡兵来会。幽州牧苗曾暗自命令诸郡，都不要发兵。吴汉率二十名骑兵赶到无终（今河北蓟县）。苗曾听说吴汉只带了二十名骑兵，于是便出城迎接。吴汉乘苗曾没有防备，将其杀死，收编了他的军队。北方诸郡闻听此事，都吓破了胆，赶忙发兵归顺。吴汉共得十郡兵数万人。吴汉率数万大军南下，与刘秀会合。

为了作战需要，刘秀对吴汉收编的数万军队进行整编，登记造册时，许多兵士都争着要到吴汉将军的军队里服役。

百将图

聚米为山

马援是东汉著名将领。字文渊，东汉扶风茂陵（今陕西咸阳西）人。建武八年（32），刘秀率军西征隗嚣，行至漆县（今陕西彬县），许多将领认为，刘秀身为皇帝，不应该深入险境，都劝刘秀赶快回宫。正当刘秀犹豫不定的时候，马援来到了他的住所。

马援向光武帝分析了双方形势，指明了隗嚣将帅内部已土崩瓦解，汉军进兵必败敌人的大势。为了说明问题，马援用米堆成山川地势模型，并指着模型为光武帝讲解汉军所处方位及诸军应该行走的道路，光武帝边看边听，恍然大悟，高兴地说："敌人全在我的眼睛里了。"

第二天，光武帝按照马援的谋略进军高平，大败隗嚣的军队。

第二年，光武帝拜马援为太中大夫，协助大将来歙平定凉州。

马援六十二岁的时候，东汉南部边境武陵（今湖南西北）发生了战争，他向光武帝请命，要求率军征战。光武帝考虑他年事已高，不肯答应。后来，在马援的一再坚持下，光武帝终于答应了马援的请求，任命他为大帅，率中郎将马武、耿舒等人，领兵四万余人，征伐五溪蛮。不久，马援在军中病故。

百将图

城门断限

臧宫是东汉著名将领。字君翁,东汉颍川郏(今河南郏县)人。建武十一年(35),臧宫率汉军至中卢,进驻骆越(今湖北襄樊南)。岑彭与公孙述的属将田戎相持于荆门,岑彭数战不利,越人(古族名)准备叛汉从蜀。当时,臧宫的军队人数也很少,阻止不了越人的谋叛行为。

臧宫派人从各属县借来运输车上百辆,当晚,臧宫令人锯断城门的门槛,让数百辆运输车反复进出城门,直到第二天黎明。越人听到晚上车声不断,又见门槛已断,以为是汉军的主力部队到了,所以,都非常惧怕。第二天,越人首领亲自领着人,拿着酒肉来慰劳汉军。臧宫也以礼相待,对他们百般抚慰。越人从此不敢反叛。

随后,臧宫与岑彭联手大破荆门(今湖北宜昌东南),俘虏敌军五万人。臧宫率降卒五万人又大破延岑,斩杀敌军万余人,延岑逃至成都。臧宫挥师向蜀中进军,与吴汉联袂将公孙述消灭。

百将图

投笔封侯

班超是东汉外交家，军事家。字仲升，扶风安陵（今陕西咸阳西）人。班超的父亲死后，哥哥班固进京担任校书郎，由于家境清贫，班超常为官府抄写文书。有一次，他正在抄写时，突然拍案而起，投笔在地，感慨地说："大丈夫无他志略，犹当效傅介子、张骞立功异域，博取封侯，怎么能总在笔砚间讨生活！"左右人多嘲笑他。班超道："小子安知壮士志哉！"明帝永平十六年（73），奉车都尉窦固出击匈奴，任命班超为假司马，率偏师一支出击伊吾卢。班赶引军与匈奴大战于蒲类海附近，大获全胜。窦固非常赏识班超的才干，就让他和郭恂一起出使西域。他们首先到了鄯善国，国王广起初对班超礼仪甚备，后来又突然怠慢、疏远起来。班超对随人们说："一定是有匈奴使者到来。"班超于是就召来侍奉他们的接待员询问，这位接待员只好说了实话。班超叫人把这人先关起来，然后召集同来的吏士三十六人一起喝酒，趁酒酣激怒他们。部下们同声说："现在处境危险，死活都听司马的。"班超激励大家，不入虎穴，焉得虎子，不如连夜杀掉匈奴使者。正巧这天夜里大风骤起，班超他们顺风纵火，前后夹击，杀掉匈奴使者及其随从三十多人，烧死一百多人。鄯善王得知此事后，立即下决心与东汉结好，并把自己的儿子送到洛阳作人质。

百将图

疏勒拜泉

耿恭是东汉将领,字伯宗,扶风茂陵(今陕西兴平东北)人。

汉明帝时,任耿恭为西域都护戊己校尉。公元75年,车师与匈奴攻打耿恭的军队于金蒲城。耿恭登上城墙,让士兵们用毒药涂在箭镞上,等匈奴士兵像蚂蚁附壁攀登城墙的时候,耿恭命令士兵把毒箭射向敌人,一边射箭,一边喊道:"汉家箭有神助,若被射中必有奇变。"中箭的敌人赶忙看创痕,果然伤口都沸裂开来,敌人惊恐异常。这时刮起了狂风,下起了大雨,匈奴兵在城下被打得死伤无数,狼狈逃窜。耿恭料到匈奴不会就此罢休,于是巡视疏勒城旁(此非疏勒国城),发现了一个水源丰富的地方,便命军队驻扎下来。春去夏来,匈奴兵果然又来到疏勒城。耿恭派数千名壮士打败了匈奴的进攻。匈奴败后仍不肯离去,屯驻在城下,堵住涧水,不让水流入城中,城中的人马没有水喝,耿恭非常着急。他急命士兵在城中凿井,但掘了十五丈深,仍然见不到一滴水。全军将士都极度干渴,只好压榨马粪,取汁为饮。耿恭仰天长叹道:"我听说从前李贰师(李广利)曾拔佩刀刺山,涌出飞泉,今汉德重昌,岂无神明默佑?"于是整肃衣冠,向井跪拜。一边拜,一边祷祝。过了一会儿,竟有泉水奔出,滔滔不绝。大家都高呼万岁。耿恭命令士兵们暂时先不要饮水,把水洒向城下,以示敌人。敌人诧异道:"汉校尉真是神灵,怎么可以再去侵犯。"匈奴的大队人马于是逃走了。

百将图

46

酹酒还金

张奂是东汉将领,字然明,敦煌酒泉(今甘肃酒泉)人。

张奂刚开始接任安定属国都尉时,南单于左奠鞬率领七千余人进犯美稷,东羌也随之响应。张奂的营垒当时只有二百多人,得到消息后,张奂马上命令士兵出战迎击。军队中的许多人被单于的强大攻势所吓倒,他们在张奂面前叩头,请求张奂停止作战行动。张奂没有采纳他们的请求,率兵驻扎在长城,一面招集军队,一面派人去招诱东羌。张奂抢先占据了险要地势,切断了南单于与东羌的联系,于是东羌中的豪强们互相争着与张奂和亲,并表示愿意帮助张奂攻打左奠鞬。张奂与东羌的军队联合作战,大败左奠鞬的军队。羌族豪强为了与张奂结好,特意奉上良马二十匹,先零尊长又送来金镰八枚。张奂把主簿叫来,当着羌族豪强的面,把酒浇在地上说:"假如把马当成羊,就不必放进马棚;假如把金子当成粮食,就不必把它放进怀里。"张奂说完后,把马和金镰退还给了羌族豪强。张奂的前任几位都尉大都好财货,给羌人带来了痛苦。张奂正身洁己的举动,感化了羌人,并且在羌人中广泛流传。

百将图

增灶断追

虞诩是东汉名将，字升卿，陈国武平（今河南鹿邑西北）人。

东汉时期，羌人侵犯武都，虞诩被升为武都太守。羌人得知这一消息后，率领几千人在陈仓、崤谷一带拦截虞诩的人马，虞诩停军不前，并放出风声，说要上书请求援兵，等援兵到了之后再与羌人作战。羌人探知消息后，信以为真，就分散开来在附近县城抢财物。虞诩趁机日夜行军，一天走二百多里，他又下令军中士兵每天各做两灶，并且逐日倍增。羌兵侦察到汉军的灶数日增，以为汉军的援兵已到，于是不敢向汉军逼近。有人问虞诩："孙膑减灶而您却增灶；兵法上说一日行军不要超过三十里，以免发生意外，而您一日行军二百里，这是为什么？"虞诩回答道："贼寇人数众多，而我们的人马却很少。如果行军的速度过慢就容易被敌人追上，而急速行军敌人就很难弄清我们的虚实。他们见我们的灶数日增，必定认为郡府的军队已来支援我们，人数多而行军快，他们就不敢来追我们了。孙膑是故意显示怯弱，而我们现在却是显示强大，这是具体情况不同的缘故啊！"虞诩的一番话，使将士们都很佩服。

百将图

合肥陷阵

张辽是三国时魏国将领。字文远，雁门马邑（今山西朔县）人。

建安二十年，孙权率领十万大军围攻合肥，张辽连夜征募勇士八百人，设酒肉款待这些敢死之士。第二天大战开始，张辽披甲持戟，冲锋陷阵，杀数十人，斩二将，大声呼喊着自己的名字，冲杀到孙权跟前。孙权大惊，手下的将士也不知该怎么办。孙权急忙登上高处，用长戟自守。张辽喝叫孙权下来应战，孙权站在那里不敢动。当他望见张辽率领的兵士不多时，才急忙下令把张辽的人马层层围住。张辽左右部下奋力冲杀，冲开包围，不一会儿功夫，张辽就率数十人冲了出去。而其余的士兵仍处在吴兵的包围之中，他们呼喊着："将军不要我们了吗？"张辽一翻身又杀入重围，救出了被包围的部下。孙权的军队阵脚大乱，没有人再敢阻挡张辽。战斗从早上一直持续到中午，吴军的士气被打下去，不得不撤退。

百将图

截江救主

赵云是三国时期蜀国将领。字子龙，常山真定（今河北正定南）人。

赵云是刘备的五虎上将之一，他曾两次解救幼主。曹操夺取荆州，刘备败于当阳长坂，丢下妻子南走，把保护幼主的重任托付给了赵云。赵云领命之后，杀入曹军重重包围，寻找幼主。这时，有人对刘备说："赵云已经投奔曹操去了。"刘备把手中的兵器扔掉说："子龙不会弃我而走的。"赵云在曹军中左右厮杀，后来在一处断垣残壁里找到了夫人和三岁幼主。赵云再三请求夫人和幼主骑马同行，由他保护，夫人不肯，投枯井而死。面对追兵，赵云毫无惧色，怀抱幼主，冲杀了一天一夜，才杀出了曹兵的重围，与刘备等人会合。刘备见赵云血染征袍，对他赞叹不已。

后来刘备进入益州，赵云任留营司马。这时刘备的夫人由于自己是孙权的妹妹而骄横，致使手下从吴国带来的兵吏也不守法度。刘备认为赵云办事认真，就把掌管内事的大权交给了他。刘备去西征后，孙权派船来接他的妹妹，孙夫人准备带着后主刘禅一起返回吴国。赵云和张飞得到消息后，立即勒兵截江，把后主营救回来。

百将图

释严定蜀

张飞是三国时蜀国将领。字翼德，涿郡（今河北涿县）人。

曹操夺取荆州，刘备败于当阳长坂，急忙逃奔江南。曹操率大军追赶刘备，刘备命令张飞率领二十名骑兵留在最后，作为掩护。张飞保护刘备、诸葛亮等一行人过了长坂桥，就立刻叫人把桥拆毁。他睁大眼睛，横着长矛，站在河边，对追来的曹兵大声喝道："我就是张翼德，谁敢与我决一死战？"曹兵早就听说张飞十分勇猛，不敢轻进。这样，刘备等人才得以脱险。

刘备进入益州，攻打刘璋。张飞与诸葛亮溯江而上，分定郡县，到达江州，打败了刘璋的部将巴郡太守严颜的军队，活捉了严颜。张飞呵责严颜道："我们蜀军已到，你为什么不投降？还敢抵抗！"严颜回答说："你们无状侵夺我州，我州只有断头将军，没有投降将军！"张飞大怒，命部下将严颜押下去杀了。严颜神色自若地说："砍头就砍头，何故发那么大火。"张飞看出他是个壮士，就把他放了，引为宾客。从此张飞所经过的地方，每战必胜，最终与刘备在成都相会。

百将图

牙门建旗

典韦是三国时魏国将领。三国陈留己吾（今河南宁陵）人。

典韦身材魁梧，膂力过人。当初在投靠陈留太守张邈时，张邈有一面牙门旗又长又大，没有人能把它举起来，而典韦只用一只手就能把它举起，当时的观者都很佩服他。曹操在濮阳讨伐吕布，吕布在距濮阳而五十里的地方有一个据点，曹操率兵趁夜袭击这个据点，并且将它攻破。曹操的军队取胜后，还没来得及返回，吕布的援兵已经到了。双方军队在半路上相持着，情况十分危急。曹操忙招募士兵冲击吕布的阵营。典韦率先报名，随后应募的有数千人。这些士兵穿上铠甲，手上拿着长矛。当时四面都是吕布的军队，矢如雨下，典韦连看也不看，对身边的士兵说："等敌人到我面前只有十步时再告诉我。"不一会儿，身边的人对典韦说："已经只有十步了！"典韦一动不动。又说："五步了！"身边的人见典韦还不动，非常着急。"敌人到了！"话音未落，只见典韦手上拿着十来个兵器，迅速起身，扑向近在眼前的敌人，敌人一个个应声而倒。吕布的军队看到典韦如此厉害，都向后退缩。后来曹操进军荆州，到宛地，张绣前来迎降。曹操非常高兴，设酒宴款待张绣及其将帅。曹操行酒，典韦手持大斧站在曹操的后面。曹操走过去给张绣敬酒，典韦就举着斧子看着张绣，等酒喝完了，张绣连头也没敢抬起来。

百将图

曳牛惊贼

许褚是三国时魏国大将。身长八尺多，腰大十围，容貌雄毅，勇力绝人。他因为力大如虎而痴，所以军中都叫他"虎痴"。

有一年，汝南葛陂率领一万余人来攻打许褚，许褚令人设置城堡抵抗。当时，许褚手下的人很少，与敌军力量相差悬殊，形势对许褚非常不利。许褚率军奋力抗击敌军，但收效不大。许褚的兵器用完了，士兵们疲惫不堪。于是，许褚动员全城的男女老幼都出来捡石头，把捡好的石头摆放在城墙四周。许褚带领士兵们，从不同的方位，用石头攻打敌军。石头从高处打出去，力量很大，敌兵难于招架，不敢继续攻城。

许褚被困在城中，粮食吃光了，他假装与敌军议和，答应用牛来换取粮食。一天，敌军按约定的时间来取牛，许褚走到自己队伍的前面，用力反拉牛的尾巴，这头牛痛得向前狂跑了一百来步。敌人看到牛疯狂的样子很害怕，不敢把牛取走。

从此，在淮汝陈梁这一带地方，人们听了许褚的名字都很害怕。许褚后来归顺了曹操，曹操称赞说："这就是我的樊哙！"曹操把许褚召到宫中作宿卫将。许多跟从许褚的侠客，都被曹操封为虎士。

百将图

赤壁纵火

　　周瑜是三国时吴国将领，字公瑾。庐江舒（今安徽庐江东南）人。曹操占领荆州后，准备沿江东下，消灭孙权。曹操给孙权写信，威胁孙权。周瑜和鲁肃极力劝孙权发兵抵抗，不要投降。孙权接受了周瑜的建议，选拔了精兵三万人，任命周瑜、程普为左右都督，让他们会同刘备的军队一起抗击曹操。孙、刘联军向西进发，在赤壁同曹操的先头部队相遇。由于曹操的士兵不习惯水上生活，很多人都得了病，所以初次交锋，曹军失利，被迫退驻江北。周瑜率军屯驻乌林，两军隔江对峙。曹操为了克服北方军士不习惯水战的不利因素，下令工匠，把几艘或十几艘战船编为一组，用铁链锁在一起。周瑜的部将黄盖就向周瑜献计火攻曹军。周瑜采纳了黄盖的计策，一面积极进行火攻前的一切准备，一面让黄盖给曹操写诈降书，使曹操放松警惕。公元208年11月的一个夜晚，黄盖带领十只战船，向曹操的水寨急速驶去。每艘战船上堆满了浇了油的干柴，外边围着布幔，插上旗子。曹军误以为是黄盖来降，没有防备。十艘战船行至离曹军一里左右时，同时点火向曹军水师大营冲去。当时正刮着猛烈的东南风，火借风势，风助火威，曹操的战船立刻变成一片火海，大火延烧到岸上大营，曹军死伤惨重。周瑜在南岸望见北岸火起，知道黄盖已经成功，立刻指挥快速战船，擂动战鼓，全力向曹军猛冲，大破曹军。

百将图

神亭搏战

太史慈是三国时吴国将领。字子义，东莱黄（今山东黄县）人。

扬州刺史刘繇与太史慈是同乡。太史慈到曲阿去拜见刘繇。这时，孙策率兵来攻打刘繇，有人劝刘繇，让他任太史慈做大将军，刘繇不同意，于是派太史慈去侦察孙策的兵力。太史慈只带了一名骑兵出去侦察，猝然与孙策在神亭（在今江苏金坛县西北）相遇。跟随孙策的十三个人都是些像韩当、宋谦、黄盖那样的好汉。双方交战，太史慈迎战孙策，孙策向太史慈的马刺去，顺手将太史慈手上拿的兵器夺去，太史慈也奋力还击，将孙策的头盔得到，并且差一点俘虏了孙策。正在交战激烈的时候，双方的援兵赶到，因双方兵力相当，所以交战就暂时结束。后来，孙策平定了宣城，进讨泾西，太史慈被孙策的军队俘虏。当太史慈被带到孙策面前时，孙策见是太史慈，急忙为他解开捆绑着的绳子，并且抓住太史慈的手说："你还记得神亭搏战的事情吗？如果我那时被你抓住，会是怎样的结局呢？"太史慈回答说："不可估量。"孙策大笑着说："吴国的大事，我现在需要和你商量。"当即拜太史慈为折冲中郎将。

百将图

酌酒厉兵

甘宁是三国时吴国将领，字兴霸，巴郡临江（今四川忠县）人。

曹操进军濡须，孙权任甘宁为前部都督，密令他趁夜袭击曹操。孙权调拨帐下一百名精锐士兵给甘宁，并赐给米酒。甘宁领命后回到营中，叫这一百人列座，然后把食物拿来分给大家吃。等大家吃完后，甘宁先用银碗倒酒喝了两碗，然后，他又倒了一碗酒给这一百人的首领，这位都督趴着不肯接酒。甘宁便把酒碗搁在膝上呵责道："你和我相比，谁更受主公器重呢？我甘宁尚不怕死，你为什么这样爱惜你的生命呢？"都督见甘宁色厉，当即起拜，拿着酒给大家倒，士兵们每人一银碗。大家喝完酒，约莫到二更时，甘宁命令百名士兵取白鹅翎一百根，插在头盔上，作为记号，然后披甲上马，到了曹操的军营。他们拔开鹿角，敲锣击鼓，逢人就砍，斩敌数十人。曹营中顿时乱作一团。甘宁率领这一百个人，在曹营中纵横驰骋，所向披靡。等曹营鼓噪，举火如星的时候，甘宁他们已经从南门杀出，无人敢挡。孙权派周泰来接应甘宁，甘宁率领着一百个人完好无损地回到了军营。到了营门，甘宁令大家都击鼓吹笛，口称万岁，欢声四起。孙权亲自前来迎接，甘宁下马伏拜，孙权把甘宁扶起，拉着他的手说："将军此去，足以惊骇老贼。我只是想借此机会考验一下你的胆略罢了。"

百将图

阴平凿险

邓艾是三国时魏国将领。字士载，义阳棘阳（今河南新野东北）人。景元四年（263），邓艾与钟会、诸葛绪分三路攻蜀。邓艾负责西路，渡阴平道（由甘肃文县经四川平武）伐蜀。阴平道绵延七百余里，山高谷深，道路艰险，荒无人烟。邓艾率军凿山开道，造桥梁，修栈道，艰难地向前开进。遇到荆棘塞途，邓艾用毡子裹着身体从山上滚下去，将士们都抓住树枝藤条，沿着悬崖陡壁，一个紧接着一个前进。历尽千辛万苦，排除千难万险，首先到达江油城，蜀守将马邈猝不及防，开城投降。

蜀将诸葛瞻得到邓艾到达江油的消息后，立即从涪城返还绵竹，率部抗击邓艾。邓艾写信劝诱诸葛瞻投降，被拒绝。邓艾派邓忠、师纂与蜀军作战，被蜀军打败。邓艾大怒，说："生死存亡，在此一举，为什么说敌军不可战胜！"说完，要将二人斩首。众将苦苦相劝，邓艾息怒。邓忠、师纂再次领兵出战，大破蜀军，斩诸葛瞻及黄崇，攻下绵竹。

邓艾率军攻入成都，蜀后主刘禅投降。

百将图

铁锁沉江

王濬是西晋将领。字士治,弘农湖县(今河南灵宝西)人。

泰始八年,晋武帝司马炎准备攻打吴国,他召见王濬,让王濬负责建造大型战船。王濬受命造出的船,长一百二十步,能容纳两千多人,船上以木为城,架起楼橹,四面开门,在船上可以驰马往来。王濬又在船头画上怪兽,来震慑江神。他设计的战船,规模之大,在古代还没有先例。咸宁五年,王濬受命进兵吴国。吴国军队用铁锁链横截在江中险要地带,又作铁椎长丈余,安放在险要地段,想以此来阻挡晋国的战船。王濬探听到这个消息以后,便命人做大筏数十个,方百余步,用草捆绑成人的样子,并给这些假人披甲持杖,然后令水性好的人,在水中牵筏先行,木筏遇到铁椎,就立刻拔掉。王濬又让人做成长十余丈,大数十围的火炬,给火炬灌上麻油,把它放在船前,遇到铁链就用燃烧的火炬去烧。不一会儿功夫,铁链被烈火熔化,全部断开。至此,江中的一切障碍全部排除,王濬的船只畅通无阻,顺利到达吴国境内。只见晋军军威雄壮,旌旗蔽空,舳舻盈江。吴军被这突如其来的气势所吓倒,于是纷纷投降。

百将图

官斋运甓

陶侃是东晋著名将领。字士行,庐江寻阳(今湖北黄梅西南)人。陶侃为王敦所忌,调任广州刺史。在广州任职期间,他养成了一个习惯,每天早上起床后,都要把一百块砖搬到屋子外面,到了晚上,再把这些砖搬进屋子。有人问他为什么要这样做,他回答说:"我打算致力于中原,不宜过分安逸,现在用少量时间劳动一下,免得将来筋力废弛,不能发挥作用。"左右对他的这一举动都很理解。

有一年,陶侃管辖的地方闹饥荒,强盗十分猖獗,百姓深受其害。为了整顿当地秩序,维护百姓安全,陶侃决定采取除害行动。他吩咐手下官兵,打扮成商人模样,驾着大船在水面航行。强盗们一看商船来了,都准备争着上船哄抢财物。商船刚一靠岸,这帮强盗就不顾一切地冲到船上。伪装成商人的官兵,不费吹灰之力就将这帮强盗全部抓获。

百将图

长桥搏蛟

周处是西晋著名将领。字子隐,义兴阳羡(今江苏宜兴)人。周处在少年时代横行乡里,为人所恶。有一次,周处见当地人们都愁容满面,就问:"现在风调雨顺,粮食年年丰收,你们怎么还苦着脸不高兴呢?"一位老人叹了口气,说:"三害未除,我们怎么能高兴得起来呢?"周处问:"是哪三害呢?"这位老人回答说:"南山白额猛兽,长桥下蛟龙,另外还有你。"周处听了老人的话,说:"这三害我能帮你们除掉。"于是,他独自上山,射杀了猛虎。接着,准备斩杀蛟龙。

有一天,周处跳入水中去斩杀蛟龙,好几天都没有回来。乡上的人都以为他死了,高兴极了,互相奔走庆贺。谁知三天以后,周处将蛟龙杀死,又安然回到家中。

周处听说人们误以为他已死而庆贺,内心受到强烈震撼,便下决心除掉自己这一害。他到处拜师求学,终于改掉了自己身上的所有恶习,后来做了御史中丞。

百将图

铁面督战

朱伺是东晋大将。字仲文,东晋安陆人。东晋时期,西阳夷贼经常对江夏一带抢劫掠夺,于是,江夏太守杨珉招集众多督将商议拒敌的事情,朱伺坐在那里,一句话也不说。于是杨珉就问朱伺:"你为什么不发言呢?"朱伺回答说:"各位都在用舌头击贼,而我却用武力击贼。"杨珉又问:"将军击贼为什么总能取胜呢?"朱伺回答说:"两军相持,只有我军能忍,这就是取胜的原因。"杨珉认为他说得很有道理。

夏口之战爆发,朱伺戴着自制的铁面具,用弩弓射死贼军好几名大将。贼军拉着船上岸,在水边作战,朱伺命小船火速前进,拦截敌军。激战中,一支箭射中了朱伺的小腿,他忍住伤痛,面不改色,继续指挥作战。敌军开始溃退,有的弃船投水而死,有的落荒而逃。朱伺因作战有功,加封为盛远将军。

晋永嘉六年(312)杜弢反晋,当时任明威将军的朱伺奉令前去讨伐。后因跟随陶侃平定杜弢有功,累加广威将军。

百将图

踏鞍拔箭

毛宝是东晋大将。字硕贞，东晋阳武人。先做过临湘县令，后为著名将领温峤的平南参军，屡立战功。

苏峻作乱，毛宝率领千余人为温峤当前锋，去征讨苏峻。当毛宝得知苏峻要把万斛大米送给叛贼祖约的消息后，便率军乘船登陆，截获了这批粮食，杀敌数万。

随后，毛宝又开始征讨叛贼祖约。祖约的部将祖焕袭击溢口，陶侃派毛宝前去迎敌。晋南中郎将桓宣的军队被祖焕的军队包围，桓宣向毛宝求救，毛宝率军火速前去增援。当时，毛宝军队的人数很少，武器装备也很差。而祖焕的军队却人多势众，装备精良。祖焕认为毛宝的军队不堪一击。

两军交战，祖焕的军队对毛宝的军队发起了进攻。激战中，毛宝不幸中箭，一只箭穿透了他的大腿和马鞍。毛宝命人踏住马鞍，他使出全身的力气将箭拔出。大腿顿时血流如注，脚上的靴子被鲜血灌满。毛宝请人把伤口稍微包扎一下，又赶着去救桓宣。等毛宝赶到桓宣的军营，祖焕的军队已经撤退。大家对毛宝的勇敢精神都很敬佩。

百将图

蒙冲溯渭

王镇恶是南朝宋将领。北海剧邑（今山东寿光县南）人。前秦宰相王猛之孙。晋义熙十二年（416），刘裕命龙骧将军王镇恶等人，兵分五路，水陆并进，攻伐后秦。临行前，前将军刘穆之为王镇恶鼓劲，王镇恶说："我若不克关中，誓不复渡江！"王镇恶为各路大军当前锋，接连攻下许昌、洛阳，直逼潼关。刘裕亲自率后续部队到达潼关后，王镇恶又领命向长安进军。王镇恶率军乘蒙冲小舰，从黄河口直入渭河，逆水而上，来到渭河桥边。士兵们吃饱饭后，王镇恶命令士兵们弃舰登岸。渭水水流湍急，顷刻间所有的船只被水流冲走。王镇恶激励士兵们说："这就是长安城北门外，离咱们的家万余里，咱们的船舰衣粮都已被水冲走，现在只有以死相战，才能立大功。"说完，他身先士卒，率军向敌阵冲去，冲开平朔门（长安城北门），首先攻入长安城。后秦主姚泓见大势已去，亲自带着妻子群臣到王镇恶面前请求投降,后秦从此灭亡。刘裕听到王镇恶攻占长安城的消息后，亲自到长安城慰劳，他感慨地对王镇恶说："成我霸业，卿为首功。"

百将图

冢间埋肉

周访是东晋著名将领。字士达，庐江寻阳（今江西省九江市）人。周访少时就果敢沉毅，待人谦让，处事干练。由于周访经常帮助穷人，因此家中没有多余的财物。有一天，一位乡人把周访家的牛偷走了，并在一块坟地旁边将牛杀死。周访找到牛后，毫不声张地把牛就地埋了，不让人知道这件事。

晋永嘉六年（313），晋怀帝命周访与陶侃、甘卓等合兵征讨杜弢。杜弢军用吊杆攻打官军船舰，周访作长岐杖用来抵挡，致使吊杆发挥不了作用。杜弢派兵从青草湖（在今安徽省望江县东北）秘密出动，准备抄袭官军，又派遣部将张彦领兵攻陷豫章，焚烧城邑。王敦这时正在浧口，急令周访与李恒等人前去进攻张彦，经过激战，张彦退走，周访率帐下佐李午追击张彦，在途中，周访被突然飞来的一支流箭击中，两颗门牙被打落。他镇定自若，继续坚持作战，直到把张彦杀死。日落的时候，周访与敌军主力隔水对峙。周访因孤军深入，所以其军队人数少于敌人数倍。他自知众寡悬殊，于是派部分士兵装扮成打柴人的样子出城。出城后再换上晋军的服装，又绕行至山右，擂起战鼓，靠近周访的军队，大声呼喊"左军到！"周访的士兵都呼"万岁！"周访命令军中多布火而食，造成援军已到，两军会师的假象来蒙蔽敌军。敌军以为官军援兵到了，于是当晚就撤走了。

百将图

唱筹量沙

檀道济是南朝宋将领，高平金乡（今山东省金乡北）人。南朝宋文帝即位后，派檀道济为都督征讨北魏。当宋军到达历城（今山东济南市郊）时，魏将叔孙建焚烧了宋军的粮草，使檀道济军中粮食匮乏，无法继续前进，檀道济无奈之下，准备指挥宋军悄悄撤退。这时，宋军中有人向魏军投降，并把宋军缺粮的消息告诉了魏军。宋军上下惊恐不安，情绪低落。面对严峻形势，檀道济想出了一个办法。

当天深夜，檀道济命人用车运来许多沙子，让士卒用斗量沙时，故意高声报着数字。沙子从车上卸完后，檀道济命士卒将军中剩余的一点粮食撒在沙子的上面，然后指挥宋军有秩序地撤退。

翌日，魏军赶到了檀道济刚刚离开的军营，看见粮仓里的粮食堆得像山一样，于是就把投降魏国的几个宋兵给杀了。魏军害怕其中有诈，不敢贸然追击，只是尾随着宋军，窥伺动静。

檀道济命令全军士兵披甲执锐，而他自己却穿着洁白的衣服坐在车上，泰然自若，带领着军队缓缓地往前走。魏军见此情景，害怕宋军另有埋伏，因此不敢进逼，稍稍后退了一段距离。檀道济率领着大军安全脱险。

百将图

狐帽吓蛮

沈庆之是南朝宋将领。字弘先，吴兴武康（今浙江德清西）人。南朝宋元嘉二十六年（449），宋文帝命建武将军沈庆之率领两万军队前去征讨沔北诸蛮。沈庆之率军驻扎在沔北山下，向盘踞在大山深处的蛮人发动进攻。宋军快速出击，直捣蛮人腹地，杀死蛮人头目，迫使蛮人归降。

沈庆之因患有头痛病，所以出门时总喜欢戴一顶狐皮帽子，蛮人都很怕他，给他取了个外号叫"苍头公"。蛮人看到沈庆之的军队，就惊慌失措，相互转告说："苍头公马上就要到了！"只要沈庆之率领的军队一到，许多蛮人就纷纷投降。

在沔北蛮人中，有一支"大羊蛮"凭借险要地势筑城，与宋军对抗。沈庆之在进攻受阻的情况下，命令宋军连营于山中，闭门相通，各穿池于营内，连吃用的水也不到营外去打。有一天，狂风大作，蛮兵黑夜下山，焚烧宋军营寨。宋军官兵发现后，一面灭火。一面派弓箭手射杀烧营劫寨的蛮兵。沈庆之派宋兵包围蛮兵据守的城堡。时间一长，城内的粮食吃光了，蛮兵便纷纷出城，向沈庆之投降。沈庆之把归降的蛮兵迁徙到宋的京师建康，派专人管理。

百将图

制狮御象

宗悫是南朝宋将领。字元干,南阳(今河南南阳)人。宗悫从小就志向远大,有一天,他的叔父宗炳问他说:"你长大了想干什么呀?"宗悫回答说:"愿乘长风破万里浪!"有一次,宗悫的哥哥刚结婚不久,半夜里,突然来了几个盗贼。宗悫挺身而出,与盗贼搏斗,将十几个盗贼打跑,保护了兄嫂及财产安全。

元嘉二十三年(446),宋文帝准备出兵讨伐林邑(即占城,故地在今越南中部地区),宗悫自告奋勇,要求参战,被主帅檀和之任命为前锋。宋军攻克区粟城后,进入象浦。林邑王范阳迈集中全部兵力抵抗,并赶出大象群迎战宋军。敌人驱赶着身披铠甲的大象群,疯狂地向宋军杀来。由于大象力气大,皮又厚,刀枪不易杀伤,所以宋军一时陷于被动。

正在这紧要关头,宗悫想出个主意,说:"狮子是百兽之王,它一定能把大象吓跑!"于是,宗悫派人做了一些假狮子。这些"狮子"在大象面前摇头摆尾,又蹦又跳,把大象吓得四处乱跑。宋军趁敌军混乱之时,迅速出击,将林邑攻下。

宗悫智勇双全,深得朝廷器重,不久被封为左卫将军。

百将图

望蔡伏兵

周山图是南朝宋大将。字季寂,南齐义兴人。周山图气力过人,作战勇敢。他在任振武将军时,镇军将军正在彭城与薛安都交战,于是,周山图率领两千人前去帮助镇军将军。当部队行至武原时,遭到了敌军的追赶。两军交战,各自都有人员伤亡。敌军加紧追击,把周山图的军队逼进了城里。周山图命士兵们构筑城堡,拼死抵抗。在敌军放松防备的时候,周山图突然率军队向城外突围,大败敌军。大家都称赞周山图勇猛,把他叫武原将。

豫章贼张凤在康乐山聚集兵力,经常在周围地区劫掠财物。台军主李双多次派军攻打张凤,都没能取胜。军主毛寄生与张凤在豫章江交战,结果又被打败。这时,明帝派周山图前去征讨张凤。周山图到了以后,先让主力部队整装待命,让一部分疲弱的士兵与之交战。然后,周山图派遣幢主庞嗣厚给张凤送去一封信,信中说:"我请求出城与你会聚,我的军队愿意听从你的指挥。"张凤信以为真,亲自前来赴会。当他赶到望蔡时,周山图早已在此设下伏兵。张凤在毫无防备的情况下,被周山图一刀斩于马下,他带领的一百余人束手就擒。周山图因作战有功,被任命为宁朔将军。

百将图

父子突围

周盘龙是南朝齐将领。兰陵（今山东苍山县）人。周盘龙胆气过人，精于骑马射箭。他跟随萧道成征讨赭圻敌军，作战时身先士卒，冲在队伍的最前面，因作战勇猛，齐朝建立后，被封为右将军。

建元二年（480），北魏进攻寿春，周盘龙协助垣崇祖破敌，杀伤魏军数万人，获牛马辎重，大胜而归。

建元三年，北魏的军队进攻淮阳，周盘龙的儿子周奉叔带领的二百人，陷入魏军万余人的包围之中。一名骑兵火速赶来，报告周盘龙说："奉叔已被敌军包围。"周盘龙当时正在吃饭，当即扔下筷子，快马扬鞭，直冲敌阵。他一边疾驰，一边大喊："周公来了！"魏兵早就听说周盘龙作战勇敢，所以，一看见周盘龙来了，他们都很惧怕，不敢阻挡。周盘龙在敌军中奋力厮杀，所向披靡。

这时，周奉叔已杀出重围，周盘龙却不知道，还在东杀西砍。周奉叔见父亲久不出围，又翻身跃马杀入敌阵。

父子俩在魏军万余人的包围圈内，冲东击西，奔南突北，如入无人之境，将魏军杀得大败，突围脱险。

周盘龙父子由此威震北魏。

百将图

观槊折树

羊侃是南朝梁著名将领。字祖忻，泰山梁父（今山东省泰安县东南）人。羊侃身材魁梧，膂力超人。有一天，羊侃跟随梁武帝参加一个酒宴，恰巧军器库的人送来一把刚刚打制出来的兵器请皇帝过目。这把两刃槊长二丈四尺，围一尺三寸。梁武帝将一匹紫骝马送给羊侃，说："我年轻的时候很喜欢槊这种兵器，现在挥不动了，你挥一下试试看。"

羊侃持槊上马，左右击刺，运用自如，每一个动作都做得干净利落。为了一饱眼福，许多人竟然爬到树上观看他的表演。梁武帝兴奋地对侍从说："你们看，苑里的树恐怕要为羊侃而折断了。"话刚说完，苑内的大树果然被观看的人压断了。羊侃挥舞的这把槊，后来被称为折树槊。

有一回，羊侃跟着父亲去拜见北魏皇帝，魏帝听说羊侃力大无比，就开着玩笑说："看外表你很像一员虎将，不知你的实际本领如何？是不是像个披着虎皮的小羊呀？你能不能学个老虎的样子让我瞧瞧。"羊侃四肢伏在大殿的地板上，学着老虎的样子大声咆哮，震得大殿四壁轰轰作响。羊侃起身，魏帝朝地板上一看，地板上留下了十个像虎爪一样的手印。魏帝称赞说："你真是个壮士啊！"当场赏赐给羊侃一把镶有珍珠的宝剑。

百将图

齐镖射猎

杨大眼是北魏著名将领。武都（今属甘肃）人。他跟随孝文帝元宏征战四方，勇冠六军，威震南朝。

杨大眼的妻子潘氏，擅长骑射。她到军中探视杨大眼，无论是作战，还是游猎，潘氏都身着戎装，与杨大眼并驾齐驱。人们经常能够看到他俩一起奋力杀敌，一起追逐猎物的动人场景。回到营中，潘氏与丈夫同坐幕下，杨大眼指着潘氏对人说："这就是潘将军！"

杨大眼年轻时练就了一身好武艺。北魏孝文帝时，准备南伐，尚书李冲负责挑选将官，杨大眼前往应试，结果未被选中。杨大眼很不服气地对李冲说："李尚书，您还没有看到我的真本事呢，现在请让我为您表演一下。"说完，杨大眼取出一根三丈多长的绳子，拴在自己的头发上，他飞快地奔跑，结果把这根长绳直挺挺地拖了起来。他跑步的速度特别快，就连飞奔的快马也追赶不上。表演完毕，李冲不住地赞叹说："千百年来，还没有见过本事这么高超的人！"于是，李冲录用他为军主。

有段时间曾有老虎经常出没村庄，威胁着百姓生命安全。有一次，杨大眼只身和一只老虎搏斗，并将老虎擒获。他砍下老虎的头，悬挂起来。荆蛮议论说："杨公这个人很厉害，连深山的老虎都逃脱不掉，何况人呢！"从此，他们再也不敢作寇盗了。

百将图

射还赏格

韦孝宽是北朝时期西魏将领。名叔裕,字孝宽,京兆杜陵(今西安市东南)人。西魏时随宇文泰征战,任晋州刺史,授大都督。大统十二年(546),晋州刺史韦孝宽镇守玉壁(今山西稷山西南)。东魏丞相高欢率军攻打玉壁,在围攻玉壁的五十多天时间里,高欢用尽了全国的兵力,对城内的西魏军采取断水、筑土山、挖地道、纵火等各种办法,不但未能取胜,还付出了死伤七万余人的代价。高欢计穷力竭,只好改变策略,派仓曹参军祖珽前去劝降。

祖珽对玉壁城中的韦孝宽喊道:"你们守着一座孤城,又没有援军来救你们,你们为什么还不投降呢?"韦孝宽反唇相讥,说:"我们的城池坚如磐石,武器和粮食都很充裕,你们攻城的人很劳累,而我们守城的人却很安逸。我韦孝宽是关西男子,决不会做投降的将军!"

祖珽见喊话不起作用,于是又想了个办法。他用箭将悬赏书射入城内,上面写着:"能斩韦孝宽的人,拜太尉,封开国郡公,邑万户,赏帛万匹。"韦孝宽接到悬赏书后,信手提笔在其背面写道:"能斩高欢者,一如此赏。"写完后,将悬赏书又射出城外。

高欢眼看玉壁城难以攻破,只得撤围退兵。

百将图

岐亭攻栅

杨素字处道，弘农华阴人，隋文帝征讨江南时，拜杨素为信州总管，行军元帅。他督造一种大战船叫作五牙，甲板以上共有五层，船高一百多丈，可载八百军士。船队沿江而下，旗帜招展，军容威武。杨素端坐在中军大船上，仪表威严。陈朝军队见了，纷纷传说：杨素乃江神下凡！于是人心惶惶，军无斗志。陈朝内史吕仲肃率军屯驻岐亭，扼守着长江最狭窄的地段。他命人在江上拉起三道铁索，以阻挡隋军。

杨素和大将刘仁恩登陆，两路夹攻陈军大营。陈军大败，乘夜潜逃到荆门延洲，负隅顽抗。杨素命人拆除铁索，派一千悍勇之士乘着四艘五牙船，顺流冲下，撞毁陈军战船十余艘，大破陈军，吕仲肃孤身一人逃脱。

后来汉王杨谅谋反，杨素奉诏平叛。叛军凭借地势险要，设置路障，拆毁桥梁，阻止官军前进。杨素命大军依旧沿大道行进，自己领一支奇兵取道霍山，穿越峡谷，攀崖而上，突然神兵天降，直指叛军大营，重创叛军主力，不久杨谅被迫束手出降。

百将图

威临突厥

韩擒虎字子通，是隋朝开国名将。隋文帝伐陈时，擒虎为先锋，亲率五百军士乘着夜色渡过长江，偷袭采石矶。陈军在睡梦中就作了俘虏。然后用半天时间攻取姑苏，进逼新林，韩擒虎率精骑五百直入朱雀门，守军四散逃走，遂攻占金陵，生擒陈后主陈叔宝。

隋统一天下后，突厥王来朝，文帝问突厥王："你听说过江南陈后主吗？"回答说听过。文帝便指着韩擒虎说："这就是生擒陈后主的韩擒虎！"擒虎威风凛凛地站在那儿，二目如电。突厥王胆战心惊，不敢仰视。

过不多久，韩擒虎的邻人见他家门前仪仗整齐，像是君王出行一般，便好奇地询问，那些人回答说："我们来迎接王驾。"说完忽然不见。隔了几天，又有一位病重将死的人跑到韩府，口口声声要见大王。守门人问要见什么王，那人答说阎罗王，手下人要打，擒虎忙拦住说："活着是上柱国，死后当阎罗王，该满意了。"当时便一病不起，没几天就死了。

百将图

单骑赌胜

史万岁是京兆杜陵人，年少时就练就一身武功，精于骑射。有一次随梁士彦征讨尉迟迥，行军途中见天上飞过一队大雁，便张弓搭箭，对士彦说："我要射第三只雁。"一箭射去，果然应弦而落。

后来窦荣定进攻突厥，史万岁毛遂自荐请求随军出征。窦荣定早就听说他的威名，一见面十分高兴。派人向突厥下书说："两国交战，普通兵士都是无辜的，何苦让他们流血送命，咱们不如各自挑选一名武艺出众的壮士，在军前决一胜负。"突厥答应了，便派一骑将挑战，史万岁一马当先前来应战，斗不过三合，史万岁一刀将突厥将砍作两段。突厥遂不战而退。

后来高智慧叛乱，史万岁率二千人昼夜兼程，转战一千多里。经过七百多次战斗，一直把叛军赶到海上。由于音信不通，朝廷三个多月得不到消息，都以为史万岁已全军覆没。史万岁想出一个办法，把书信塞进竹筒放入海中，被渔人得到后呈奉官府。隋文帝得知后大为感叹，赐钱十万，加拜左领军将军。被当时人公认为一代良将。

百将图

一箭双雕

长孙晟字季晟，善于弯弓射箭，智勇过人。十八岁时在北周军队中做小官。当时突厥请求通婚，北周许配以王室公主，同时挑选机敏骁勇之士作为使节护送公主远嫁，选中长孙晟，为副使，宇文神庆为使。等到护送公主抵达突厥王庭，可汗一见长孙晟就非常喜爱，经常邀他出外打猎，有一次空中两只雕在一边飞一边争一块肉，可汗便取出两枝箭递给长孙晟，长孙晟打马飞快赶去，飕的一箭，两只雕应声落地。

出使突厥期间，长孙晟经过几番努力，终于说服突厥突利可汗南迁归附北周。

隋朝开皇年间，突厥南侵，长孙晟受命带领隋军迎敌。他能一口气说出突厥军队的优势和劣势，随手画出北方边境一带的山川地形，然后确定打击的目标，屡战屡胜，被隋文帝拜为车骑将军，不久又任命为受降使者。突厥人十分害怕他，听见他的弓弦响，就像听到惊雷；见到他打马飞驰的身影，就像看到了闪电。

百将图

援杆系索

沈光字总持，吴兴人，少年时便机智勇敢，行动敏捷，最善于马术，天下无双。修建禅定寺的时候，庙中有一根十几丈高的旗杆，绳子断了，无法把旗幡挂上去，众人都急得团团转，可是谁也想不出个办法来。这时沈光自告奋勇对僧人们说："把绳子给我，我马上可以爬上杆头把绳子系好。"说罢接过绳子，把一头衔在口中，两手交替拍杆而上，几下就爬到杆顶把绳子系牢。然后在众目睽睽之下手脚同时离杆，从十几丈高空倒栽下来。就在众人的惊呼声中，只见他安然落地，并且倒着行走几十步才双脚落下。消息传开后，人们送他一个绰号叫肉飞仙。

大业年间，隋炀帝召募天下勇猛善战之士从征辽东，沈光也前去应募，编入敢死队。战斗打响后，沈光举着十五丈长的长竿朝城墙冲去，竿子搭在城垛上，他几下就顺竿蹿到城头，与城上敌军展开肉搏战。接连杀死十几个敌兵，大批敌兵赶来，把他逼下城头，就在眼看要落地的一刹那，他一把抓住从竿上垂下的绳子，一翻身又朝城头攀去。炀帝在阵前观战，看到沈光的表现十分惊奇，当即下诏拜沈光为朝请大夫，并赏赐宝刀良马。

百将图

对开幕府

柴绍字嗣昌，晋州临汾人。幼年时代就悍勇好斗，以好打抱不平而闻名，曾做过隋朝小官，后来唐高祖李渊把平阳公主嫁给了他。高祖在太原起兵时，柴绍和公主都在京师长安，夫妻二人相约分头行事，柴绍直奔潼关策应高祖，公主则赶到鄠，用自家的积蓄招募了数百壮士，一路向西攻下盩厔、武功等地，并约法三章，严禁侵扰百姓，于是声威大振，队伍扩大到七万人。高祖渡过黄河后，柴绍带着手下几百骑兵从南山出来与高祖会合。与此同时，公主则率精兵万人与秦王李世民在渭河北岸会师。小两口一个在南，一个在北，各自有自己的军帐，形成对长安的夹击之势。一时传为佳话。

唐高祖即位后，拜柴绍为左翊卫大将军，不久又升为右骁卫大将军。有一年吐谷浑犯边，柴绍带兵讨击。敌军乘唐军立足未稳，从高处向唐营射箭，箭如雨下，军士们大惊失色，柴绍却面不改色，命乐工弹奏琵琶，让两个女子跳舞取乐。敌兵感到奇怪，便停止了放箭，一齐朝唐营观看。柴绍趁着对方松懈的机会，秘令精锐骑兵绕到敌后，突然发动进攻，敌军四散而逃，唐军乘胜追杀，斩首五百级。

百将图

殿前夺槊

尉迟恭字敬德，朔州善阳人。起初是宋金刚的部将，后与寻相一起投降秦王李世民。不久寻相又叛唐，李世民手下的人怀疑尉迟敬德也将变心，李世民却说："敬德如果要谋反，还会等到现在吗？"亲自为敬德松绑，好言安慰道："大丈夫以意气为重，受些小委屈不必在意。我决不会听信谗言加害于你。这是五十两黄金，你一定要走，可作路上川资。"

当天唐军与王世充展开激战，敌将单雄信直扑秦王，情势十分危急，敬德纵马冲过来，大吼一声将单雄信打下马来。保护着秦王杀出重围后，又翻身杀入阵中，终于大败王世充。李世民说："大家都怀疑你会谋叛，只有我坚信不疑，想不到这么快就得到了回报！"

太子李建成见敬德骁勇绝伦，便想用重金收买他，他一口回绝。建成恼羞成怒，便派刺客去行刺。敬德故意在睡觉时将门户大开，刺客见状心中狐疑，竟然不敢下手。

敬德武艺高强，最拿手的就是善于避开敌人刺来的长槊，经常单枪匹马冲入敌阵，面对四面八方刺来的槊，他闪转腾挪，伤不着一根毫毛。而且能顺势夺掉敌将的长槊回敬对方。齐王李元吉也善于用槊，有一次提出要和敬德比试一番。敬德便请齐王使一柄带刃的长槊，他自己使一柄不带刃的。与齐王交手十个回合，齐王终究不能伤他一根毫毛。高祖李渊在赞叹之余问他避槊与夺槊哪个难，他回答说夺槊难一些，高祖便让他与齐王比试一下。结果齐王的槊三次被夺走，从此对敬德大为叹服。

百将图

天山三箭

薛仁贵是绛州龙门人，少时家境贫寒，有一次，他打算改葬父母，妻子对他说："夫君你身怀绝技，应当抓住时机出人头地。听说当今天子亲征辽东，募求猛将，这正是千载难逢的机遇，何不前去应召，建功立业，等将来富贵还乡再迁坟不迟。"仁贵觉得言之有理，便前去应征，随着大军一道出击辽东。在攻打安市城的战斗中，高丽兵二十万人拒城死守，唐军大举进攻，仁贵自恃武艺高强，要抢头功，便身着醒目的白战袍，手持长戟，腰里插着两张弓，大叫着冲向敌阵，高丽兵纷纷闪避。后面的唐朝大军随后掩杀过来，敌军大败。当时唐太宗看到这一幕，派人查问打头阵的先锋是谁，回答说是薛仁贵，太宗当即召见，赐给许多财物。大军班师回朝后，太宗又召见仁贵，对他说："朕的旧将都已年老，早想着物色一位能够决胜于千里之外的将才，卿最称朕心。"封仁贵为右领军中郎将。

不久，诏命薛仁贵前往西域，辅佐铁勒道行军总管郑仁泰。临行前，太宗赐宴饯行，席间对仁贵说："古代射箭高手可以射穿七层木片，贤卿试试五层甲怎样？"仁贵张弓搭箭，一下子便把五层甲洞穿而过。太宗大为惊叹，当场赐仁贵坚甲一副。

当时天山北路有回纥九姓十余万之众，首领借人多势众，派遣骁骑几十人前来挑战。薛仁贵面对气焰嚣张的敌人，镇静自若，张弓搭箭，三射三中。敌人惊骇不已，纷纷降服。

百将图

免胄见酋

郭子仪是陕西华县人，武科中举补左卫长史，战功卓著，升为中书令。安史之乱爆发后，叛军一路长驱直入，直逼长安。郭子仪受命于危难之际，代替安思顺出任朔方节度使，担负起反击叛军的重任。他不负众望，先收复长安，再向叛将安庆绪盘据的洛阳进击，安庆绪派大将严庄带十五万大军迎战，双方在新店（今河南陕县西）遭遇。面对强大的敌人，郭子仪佯装败退，引诱叛军追赶。天黑时分，叛军进入唐军埋伏圈，郭子仪一声令下，万箭齐发，唐朝骑兵也从天而降，叛军猝不及防，被打得溃不成军，四散逃命。唐军斩首四万余级，大获全胜，乘胜收复了洛阳。

永泰元年（765），唐陇右节度使仆固怀恩怨恨唐朝没有为他加官，背叛唐朝，用无中生有的谎言向吐蕃、回纥借来十万大军，进攻长安。唐代宗命郭子仪率一万军队迎敌，针对敌人人数众多但却各怀异心的实际，他派人去见回纥王，说愿和他共击吐蕃。回纥王听说郭子仪还活着，十分惊奇，半信半疑，提出要郭子仪当面与他商谈，他才相信。因为仆固怀恩对他说郭子仪早就死了。郭子仪一听，当即决定去见回纥王。将士们担心郭子仪的安全，郭子仪毫不在意，只带着少数骑兵，卸去铠甲，前往回纥大营。来到营门前，不慌不忙地摘下头盔，脱去铁甲，解下兵器，大步走进帐去。回纥王经郭子仪一番开导，当即决定与唐和好，共同攻打吐蕃。

百将图

策降二将

李光弼是营州柳城人，以沉着果敢、胸有大略著称。经郭子仪举荐，出任河北采访使。安史之乱期间，史思明、蔡希德率十万大军攻打李光弼，这时李光弼手下精锐都去救援朔方，剩余兵士不满万人。李光弼临危不乱，下令拆掉民房制成发石车，每个车由二百人推着，车中装满石块。叛军来攻城，石车一发，石块如雨点般打下，杀伤大量敌人。史思明又制作飞楼，在城墙外堆起土山攻城，李光弼则派人从城里挖陷地洞，令叛军无法得手。然后又用诱降之计大败史思明，令叛军闻风丧胆。

李光弼乘胜进军，大败周挚和安太清，围攻怀州，史思明急忙领兵救援，声言要渡河断绝唐军粮道。李光弼临河筑起壁垒，天黑以后，把大军撤回，只留大将雍希颢守营，叮咛说："敌将高晖、李日越来攻，不要和他硬拼；如果前来投降，就带来见我。"左右诸将都莫名其妙。第二天，史思明果然对部将李日越说："你带铁骑五百前去捉住李光弼，捉不到就别来见我！"李日越率军攻入营垒，发现只有千人把守，便对部下说："我受命活捉李光弼，现在即使捉住雍希颢，回去也难免一死。"于是请求投降，雍希颢就带着他去见李光弼。李光弼很高兴，对他盛情款待，并上奏封其为金吾大将军。史思明部下另一员骁将高晖闻讯后又来归降。别人问光弼其中奥秘，光弼说："史思明一再败退，急欲和我决战，他料定此番定能活捉我，所以下了死令。希颢名气不大，抓住他不算功劳。日越怕死，除了投降还有什么路可走？高晖本领在李日越之上，见日越降而受重用，能不效仿吗？"众将听罢十分佩服。

百将图

登堤斩将

唐将白孝德是安西人，在李光弼部下做偏将。史思明围攻河阳时，派刘龙仙率五千骑兵在城下挑战，把脚放在马脖子上辱骂李光弼。李光弼登上城头，问身边的将领："谁能杀掉这个贼人？"仆固怀恩说："我愿往。"李光弼说："这件事用不着大将出马。"旁人推荐白孝德，李光弼问："要带多少人马？"孝德回答："只要五十骑，大军为我呐喊助威就行了。"李光弼拍着他的肩膀送他出城。白孝德手持两支长矛，披挂上马，出城朝对岸进发，当过河过到一半时，城上的仆固怀恩对光弼说："事情可以成功了！"刘龙仙是叛军中一员猛将，开始见白孝德过来，心里很轻视，毫不在意。等到白孝德来到近前，他才准备闪避，孝德摆手阻止说："侍中派我来有话对你说。"一边说着，一边很快靠近刘龙仙，突然瞪大眼睛骂道："叛贼，认得我白孝德吗？"刘龙仙也大声回骂，孝德一纵马，两个人就厮杀在一起。城上唐军一齐高声呐喊，为白孝德助威，五十骑也一齐杀上前来，龙仙力怯，就绕着河堤逃跑，孝德穷追不舍，将其斩首而回。后来，白孝德又屡立军功，升任北庭行营节度使。仆固怀恩引吐蕃兵入侵，被孝德击败。永泰初年，吐蕃回纥围泾阳，郭子仪与回纥结盟，吐蕃退走。郭子仪派部将浑城率兵五千出奉天，让白孝德前去接应，与吐蕃大战于赤沙烽，斩获很多。因功封昌化郡王。

百将图

射蒿辨贼

唐将南霁云是魏州顿丘（治在今河南浚县北）人，少时家境清贫，靠为人驾船谋生。安禄山叛乱，钜野尉张沼起兵讨伐，任命南霁云为将。南霁云勇猛善战，初步显露军事才能。张巡移守睢阳（今河南商丘）后，南霁云受命赴睢阳，对张巡十分敬服，他对别人说："张公待人一片真诚，正是我要投靠的人。"从此便留在睢阳。南霁云善于骑射，箭法很准，与敌兵对阵，百步以内才发弓，敌兵必定应弦而倒。至德二载（757），安庆绪部将尹子奇围攻睢阳，南霁云日夜带兵士在城头防守，杀伤不少叛军。但叛军人多势众，不断轮番攻城，张巡想射杀尹子奇，又不知哪个是尹子奇，于是用蒿杆作箭向城下射去。中箭的叛军高兴地说："张巡的箭射完了！"赶快跑去向尹子奇禀报。南霁云看得真切，一箭射去，正中左眼。不久城中粮食吃光了，张巡令南霁云去向屯驻临淮的河南节度使贺兰进明求援。南霁云带三十名精骑冒死突围，敌兵一万多人前来拦阻。南霁云左右开弓，射死多人，终于杀出重围。但贺兰进明不愿出兵，反而想把南霁云留下。他用酒食款待霁云，霁云哭着说："睢阳城中将士已经断粮一月多了，我怎忍心独自吃饭！"说着拔刀砍掉自己一截手指，然后离席跨马返回睢阳。临出城时，朝佛塔射了一箭，说："等我破了叛贼，必定要灭掉贺兰进明！"他又冲围进入城中。后来城被攻破，南霁云与张巡一起被杀。

百将图

雍丘固守

唐将雷万春,是名将张巡手下的偏将。唐肃宗至德元年(756)七月二十八日,安禄山大将令狐潮带兵包围了唐军据守的雍丘(今河南杞县),他这已经是第三次来攻雍丘了,前两次都被张巡击退,其中第二次其实是被张巡"说"退的。那是两个多月前,令狐潮带兵来进攻雍丘,他本来也是唐将,任雍丘县令,叛军来攻,他举城投降,被安禄山拜为大将。他与张巡很熟悉,尽管已是敌对双方,但他还是在城下与张巡互致问候,他劝说张巡:"唐朝已经快灭亡了,你坚守孤城,究竟替谁卖命呢?"张巡义正辞严地反问道:"你平生自称是忠义之士,今天的举动,有什么忠义可言!"令狐潮羞惭得无地自容,领兵退走。

这一次,令狐潮横下心来,一定要攻下雍丘城,他一边督催军士攻城,一边向城上喊话,要与张巡讲话,张巡干脆不再搭理他,而只命偏将雷万春与他周旋。令狐潮悄悄挑选了几名弓弩手,告诉他们只要城上的人一露头,就一齐发射。雷万春登上城垛,正准备发话,忽然一阵箭雨袭来,他的脸颊上中了六箭,但他依然纹丝不动。令狐潮很惊疑,以为是个木头人。等到知道是雷万春,他大吃一惊,朝着城上的张巡喊道:"从雷将军的举动,我彻底了解你的治军之严了!"不久,唐军发起进攻,大败叛军,令狐潮连夜逃走。

百将图

火焚攻具

韩游瓌是灵州灵武人,起初为郭子仪的偏将,因功升为邠宁节度使。建中四年(783),泾原兵在京师哗变,德宗出奔奉天(今陕西乾县),叛将朱泚随后也带兵进逼奉天。韩游瓌与庆州刺史论惟明、监军翟文秀受诏领兵三千抗击叛军,与朱泚相遇于醴泉。韩游瓌主张驰援奉天,监军翟文秀认为这样会把叛军引到奉天,而且就地坚守,可以与奉天军队夹击敌人。韩游瓌反驳说:"贼人众多,而我军势弱,敌人完全可以分兵与我对峙,大队人马直扑奉天。奉天守军力量薄弱,根本不可能夹攻敌人。再说敌人多财而我军饥寒,敌人如果利诱我方将士,我是难以阻拦的。"于是引兵回奉天,朱泚随后赶来,双方展开激战,韩游瓌等人殊死拼杀,浴血搏斗,好不容易才打退了叛军的进攻。到了夜晚,叛军搭起营帐,点起篝火,把天空都照亮了。朱泚命人拆下寺庙里的木料,让工匠制造攻城用的战棚,城里守军见了十分害怕,韩游瓌安慰大家说:"寺庙里的木头就像干柴一样,见火就着,不必害怕。"敌人战棚造好后,韩游瓌命城南的士兵擂鼓放箭,吸引敌人的注意力,又派三百名精锐士卒,冲出北门,放火焚烧了战棚,令叛军十分沮丧。不久,唐朝援军赶到,解了奉天之围。

百将图

宝舆迎捷

唐将崔宁本是贝州安平人,后迁居卫州(今河南汲县),早年穷困潦倒,客居剑南(治在今四川成都),在剑南节度使鲜于仲通部下做步卒,屡立战功。后来严武任剑南节度使,荐为利州刺史。吐蕃引西南杂羌侵扰西山,连下数州。严武便派崔宁率军西征。唐军兵临城下,敌军已经严阵以待,在城下垒起很多巨石,唐军无法进攻。崔宁仔细观察了周围地形,发现城东南角有一处地方没有石垒,大约有一丈多宽。询问当地人,才知道这里是一处地穴。崔宁指挥唐军从这里突入城中,打败了敌兵。等到大军凯旋,回到成都,严武十分高兴,特意准备了一辆七宝彩车,把崔宁迎入城中。

后来崔宁升任西川节度使,主政多年,代宗大历末年入朝为官,因与宰相杨炎不和,被贬为灵州大都督。朱泚叛乱,用反间计,故意任命崔宁为中书令,唐朝知道后便派人将崔宁缢杀。

百将图

袒呼决阵

唐将李嗣业是京兆高陵人，身高七尺，膂力过人，应募在安西都护府效力。安西副都护高仙芝征讨小勃律时，李嗣业与中郎将田珍为左右陌刀将。当时吐蕃兵十万据山临水固守。高仙芝下令诸将在中午前破敌。李嗣业率领步兵登山涉险，对吐蕃军队发动奇袭。唐军大获全胜，平定了小勃律，李嗣业因功升为右威卫将军。

安禄山叛乱后，唐肃宗召集诸将平叛，李嗣业接到诏令后，与诸将割臂盟誓说："所过郡县，秋毫不能侵犯。"到了凤翔，谒见肃宗。肃宗高兴地说："爱卿今天到来，胜过几万精兵，事情的成败，就取决于你了！"

广平王收长安，李嗣业统率前军在香积祠北布阵。敌将李归仁带着精锐骑兵前来挑战。唐军用乱箭将敌军射退，在后紧追，眼看就到敌人大营了，忽然敌兵大队人马冲了出来，唐军猝不及防，阵脚大乱。李嗣业对郭子仪说："现在情势紧急，只得以死相拼了！"于是袒露上身，手执长刀，大呼着冲了上去，杀了几十个人，稳住阵脚。唐军二千步兵拿着陌刀和长柄斧奋勇冲杀，所向披靡，大败贼兵，自中午至傍晚，斩首六万级。唐军收复长安和洛阳后，李嗣业加卫尉卿，封虢国公。后来他在战斗中了流箭，卧在帐中养伤，快要痊愈时，听到鼓角声，知道唐军又与叛军交战，于是大声呼叫，伤口迸裂而死。

百将图

披心示贼

唐将马燧字洵美,汝州郏城人,体格健壮,身高六尺二寸。少时与兄长们一起学习,废书叹息说:"现在天下大乱,大丈夫应当建功立业,怎能做一辈子儒生呢!"于是攻读兵书战策,于宝应年间被泽潞节度使李抱玉录为赵城尉。当时回纥人自恃助唐有功,到处骚扰,州县稍有供应不周,就杀人滋事。李抱玉准备慰劳回纥人,手下无人敢去。马燧便自告奋勇前去,他先买通回纥首领,要他号令部下,违犯军纪者斩。然后马燧找来死囚犯给自己当差,稍不听令就当场处斩。回纥人见状十分害怕,马上老实了许多,直到出境也没有闹事的。

李怀光反叛后,朝廷诏令马燧为河东行营副元帅,前去讨贼。李怀光手下大将徐廷光防守长春宫城,马燧考虑到如果长春宫不破,李怀光就会死守,唐军伤亡就会很大。因此他挺身而出来到城下见徐廷光。徐廷光敬畏马燧,便在城上行礼。马燧见他意志已经动摇,就趁热打铁说:"我自朝廷来,可面朝西受命。"徐廷光再次行礼。马燧说:"你们这些朔方将士,在平定安禄山叛乱中有大功,为什么要做出这种灭族的事情呢?如果听我的话,不但免祸,而且能够得到荣华富贵。"徐廷光默不应声。马燧说:"你如果认为我在骗你,那么现在我离你这样近,你可以朝我射箭。"说着解开衣服,露出心口。徐廷光感动而泣,手下军兵也都流涕。当即决定投降。

百将图

隧陷云梁

浑瑊先世属铁勒族浑部,世为唐将。十余岁入朔方军。唐代宗时跟随郭子仪击退吐蕃,升任左金吾卫大将军。德宗建中四年(783),朱泚叛乱,唐德宗被困奉天,浑瑊与韩游瓌等人拼死防守,保卫圣驾。朱泚为了尽早攻下奉天城,命人制造了一种攻城的器具叫云梁,有数十丈宽,下面安着大轮子,外面用浸湿的毛毡及皮革蒙住,四周挂着水囊。叛军推着云梁逼近城河,以此为屏障挡住城上的箭雨,然后搬运大量的柴草和沙土,想要填平城河,以便逼近城墙。情况十分紧急,浑瑊与奉天防城使仲庄想出一个破敌之策,就是估摸着云梁将要经过的路线,从城里地下挖掘一条大隧道,向隧道里塞满马粪、柴草等易燃之物,然后点燃。贼兵气焰十分嚣张,推着云梁呐喊着顺风前进。而此时城上守军又冻又饿,士气十分低落。群臣都认为此番凶多吉少,呼天祷告。浑瑊身中流矢,忍痛拔下,血流如注,仍然指挥战斗。就在这时,云梁辗过地道,薄薄的土层支持不住这庞然大物,轰隆一声陷了下去,一下子矮了一大截。这时风向又发生了变化,开始往回刮,地道里的火焰烧着了云梁,云梁周围的敌兵烧死大半,其余的落荒而逃。

百将图

锦袭督战

唐朝名将李晟，字良器，洮州临潭（今属甘肃）人。十八岁时就跟随唐河西陇右节度使王忠嗣，与吐蕃作战。有一次，唐军与吐蕃军队激战，一位敌将勇不可当，连杀多名唐朝士卒，王忠嗣大怒，物色神箭手，李晟自告奋勇，只一箭就将敌将射死。三军欢声雷动，王忠嗣拍着他的肩膀称赞说："不愧是万人敌！"

大历初年，吐蕃入侵灵州，兵部尚书李抱玉举荐李晟为右将军，让他领兵五千前去迎敌。李晟说："如果只靠以多取胜，那么五千人远远不够，如果靠谋略取胜，就用不着那么多人。"最后只带了一千人，由大震关直驱临洮，攻克定秦堡，生擒吐蕃军主帅，击退了吐蕃的进攻。

建中年间，泾原兵叛乱，唐德宗出奔奉天。李晟与李怀光奉诏勤王平叛。每次作战，李晟必定要穿戴着丝锦大衣和帽子，十分引人注目。李怀光感到不对劲，就告诫他说："身为大将，应当老成持重，为什么要穿得这么惹眼呢？就不怕敌人暗算吗？"李晟回答说："我并不是有意招摇，而是考虑到我曾在泾原呆过，将士都很敬服，现在让他们看到我，动摇他们的军心。"

百将图

櫜鞬谒道

櫜鞬,本是古时候骑兵盛弓箭的器具。櫜鞬谒道即行军礼谒见上司。这说的是唐代名将李愬的故事。李愬是李晟的儿子,继承父业,为打击藩镇割据东征西讨,立下汗马功劳。宪宗元和年间,淮西节度使吴少阳的儿子吴元济拥兵叛乱,唐军多次派大军征讨,都出师不利,损兵折将。朝臣中不少人主张与叛军讲和。宰相裴度力排众议,自告奋勇请求赴淮西前线督师。裴度的举动大大激励了唐军的士气。时任邓州节度使的李愬,经过周密部署,制定了奇袭淮西节度使所在地蔡州(今河南汝南县)的作战方案。他率领一支数千人的精锐部队,日夜兼程赶往蔡州,当时天下大雪,北风呼啸,旗帜被风撕裂,战马冻得打哆嗦,士兵冻死很多,但李愬毫不动摇,督催人马加速前进。到了蔡州,正是半夜时分,整个蔡州城都在熟睡之中,守军做梦也想不到唐军会来袭击。李愬命人攀上城墙,杀死守关兵士,到天色微明时,来到吴元济外宅,将其团团围住,并放火烧门,吴元济束手请降。被李愬用槛车押回京师。李愬整顿士卒,迎接裴度的到来。裴度一到,李愬向他行了个军礼,裴度不受,李愬说:"这地方的上下礼节已经废弛很久了,请以此向他们做个示范。"裴度这才用宰相礼接受了李愬的拜谒。

百将图

穴城出击

唐将石雄是徐州牙校，骁勇善战，气冠三军。唐中期，回纥兵强势众，侵扰云中、朔方，在五原设立牙帐。刘沔率军驻云州御敌。石雄当时在刘沔军中任职，屡次要进攻敌人，可是唐朝廷因公主在回纥人手中，投鼠忌器，怕伤害公主，不让诸将出击。石雄在刘沔的授意下，挑选了三千精锐骑兵，乘风高月黑之机朝邻近敌人牙帐的马邑进发。石雄顺利地进入马邑城中，登上城头眺望，只见有几十辆回纥人的毡车，跟随的人都穿着红色衣服，与唐朝的服饰相同。石雄感到很诧异，派人去一打听，原来正是唐朝公主的车帐。石雄连夜让军士在城墙上开挖十几个门洞。然后将城中所有牛马牲畜和大鼓都集中起来。天色刚刚放亮，石雄命人在城墙上插满军旗，手执明晃晃的火把，火光把天空都照亮了。唐军兵士擂鼓呐喊，响声震天。回纥可汗不知道究竟发生了什么事，心里十分害怕，便下令拔帐退走。石雄见时机成熟，一声令下，精骑数千如离弦之箭，从十几个门洞一齐冲出，横杀竖砍。回纥军队溃不成军，自相践踏，死伤数万人。石雄大获全胜，将公主迎回太原。

百将图

林中夺马

柴再用是五代吴时名将，吴王杨行密对他十分赏识，经常委以重任。他也确实不负众望，勇猛善战，打了许多胜仗，被任命为光州刺史。唐昭宗天祐初年，梁王朱全忠进攻淮南，逼近光州，柴再用严密设防，多次重创敌军。杨行密建立吴国后，任命他为马军指挥使、德胜军节度使等。吴越侵扰吴境，柴再用奉命率军抵御，临行前，吴王赐他长槊五十支，他便将这些槊放在船上，驾船作战，结果吴军战败，柴再用乘坐的船翻沉，他紧紧抱住那些长槊，才没有被水淹死。他的家人听到战败的消息，赶紧请来一千名僧人做法事祈求保佑。柴再用回来后，将招待僧人的饭食拿去慰劳部下士卒，还说："多亏这些人帮助我，佛能出多大力呢？"

柴再用处事果断，面色黝黑如铁，人们都叫他"柴黑子"。他在秦宗权手下效力期间，当时军中规定，丢失马匹的要处死。有一天，柴再用刚打完仗回来，人困马乏，就枕着马缰绳睡着了，醒来后才发现马已经跑得无影无踪。他赶紧四处去找寻，结果在一片树林中遇见一名骑马的敌兵。他当即追那敌兵，敌兵绕树而逃，他一气之下张弓搭箭，向树后射去，一箭把树和敌兵都射穿了，他便夺了敌兵的马，返回军营交差。

百将图

锤击野叉

周德威字镇远,朔州马邑人,后晋大将,智勇双全,善于通过观察烟尘来判断敌人的虚实。屡建战功,升任招讨使。这时的周德威已经威名远扬,敌方对他又恨又怕。后梁军队围困太原时,向全军宣布,谁能够活捉周阳五(周德威小名阳五),就让谁做刺史。"有一位猛将陈章,人称"陈野叉",平时常骑白马,穿着红色的铠甲,以显示他的与众不同。他立功心切,在阵中左冲右突,寻找周德威决战,想要将他活捉。后晋皇帝告诫周德威说:"陈野叉要抓你去换刺史的官位,你要小心防备才是。"周德威笑着说:"陈章只会说大话,他怎么能保证不被我所擒?"于是对部下一名军士说:"如果看到骑白马、披红铠甲的敌将来攻,你就假装败退躲开他。"两军列阵交战,周德威换了衣服混在兵卒中间寻找战机。陈章前来挑战,刚一交手,德威部下的军士一见白马红衣的陈章,马上向阵中退去。陈章见状,以为这位兵士就是周德威,是怕被他捉住才逃跑的,于是跃马扬鞭冲入后晋军阵中。德威紧盯着陈章,就在陈章将要经过自己身旁时,挥手就是一锤,只听"哎呀"一声惨叫,陈章应声落马,被德威当场活捉。

百将图

棘林赤脚

　　王彦章是郓州寿昌县人,后梁大将。他勇猛善战,作战时常持一杆铁枪,指东打西,人称"王铁枪"。当时后梁失去了魏博(今河北大名东北),便和后晋隔河相望了。后晋占有整个黄河以北,用铁链锁住德胜口,并在河南和河北各修建了一座城寨,号称"夹寨"。

　　后梁宰相敬翔向后梁末帝献计说:"事情很不妙,只有王彦章能够应付局面。"末帝听从了他的建议,任命王彦章为招讨使,问他多长时间可以破敌,王彦章回答说:"只要三天就足够了。"左右的人都暗暗讥笑。彦章领命后,用了两天时间赶到滑州,一边大摆宴席,一边暗中派人准备船只,让六百名身穿铠甲的兵士手执大斧,与几名打铁匠,带着炉子精炭,乘船顺流而下。另一边彦章在宴席上假装更衣,中途退席,引精兵数千人沿河岸朝着德胜口急行。与船队会合。船上甲士用炭火烧断铁锁链,用大斧砍断浮桥,隔断南北联系,然后彦章带人猛攻后晋南城,大破敌军。前后恰恰用了三天时间。王彦章早先从军时,与他一起应募的有几百人,彦章做了首领,许多人不服气,口出不逊。彦章就当着主将的面指着那些人说:"我是天生的壮士,料定你们都不如我,所以我才要当首领。且不说别的,你们中间谁能光着脚在棘针地里走上三五圈吗?"说着真的脱了鞋子,在棘针地里走了起来。众人见状大惊失色,再也不敢和他争了。

百将图

焚香禁杀

曹彬是真定灵奇人,北宋大将。北宋征伐后蜀时,刘光毅为前军,曹彬为都监。宋军一路势如破竹,所过郡县多数不战而降。宋军不少将领都想借战乱之机纵淫抢掠,以饱私囊,只有曹彬严令部下不准扰害百姓。宋太祖赵匡胤听说后对曹彬大加褒扬,特授他为宣徽南院使仪成军节度使。

宋太祖挥师江南,命曹彬先赴荆南,为大军开道。曹彬率战船由荆南顺流东下,浩浩荡荡,破峡口岩,进而又克池州、芜湖,驻军采石矶。第二年,曹彬带水陆十万大军,越过长江天险,直逼南唐都城金陵(今江苏南京)。

眼看南唐就要被灭,曹彬却忽然生病了,众将感到纳闷,纷纷前去探望。曹彬对诸将说:"我的病不是药物所能治好的,只要你们发誓,以恻隐之心攻城,城破之日不妄杀一人,我的病就不治自愈了!"众将全都答应,于是全体焚香盟誓,承诺决不妄杀生灵。曹彬很高兴,心里一块石头落了地,第二天病就好了。

宋军破城之后,南唐后主李煜让人把自己绑起来来见曹彬,请求发落。曹彬对他说:"你先回宫收拾行装,准备择日北归。"

百将图

148

礼让败敌

曹玮是曹彬的儿子,十九岁时李继迁叛乱,太宗问谁可带兵征讨,曹彬便推荐曹玮出任渭州同知。他很有军事才能,经常出奇制胜。有一次他指挥士兵与敌军作战,敌军战败逃走。曹玮派人侦知敌人已走远,才不慌不忙地把敌军所掠牛马辎重驱赶回营。敌军听说曹玮贪图财货,行动迟缓,军容又很散乱,便又掉转头前来袭击宋军。快要赶上时,曹玮派人告诉敌军主将说:"你们远道而来,必定十分疲惫,我不想乘人之危,你们可以先休息一阵,然后再来决战。"敌军确实很疲劳,一听这话都高兴地就地休息,歇了很长时间,曹玮才让人告诉敌将:"你们休息得差不多了,咱们决一胜负吧!"于是指挥军队进攻,把敌军打得大败。

部下问曹玮如此调度的秘诀,曹玮说:"我确信敌人逃得很远,是要使敌军尽量疲惫,然后我故意装出贪财的样子,引诱敌人来袭。敌人再返回时,起码走了百里路。但这时敌人如果马上投入战斗,还有锐气,胜负很不好说。所以我故意让敌人歇息。远行之人,稍一休息放松就会感到腿脚酸痛,站都站不稳。此时我再进攻,当然会稳操胜券。"士卒听罢,都大为叹服。

百将图

微服度关

宋将狄青,汾州西河人,字汉臣。善于骑射,被经略判官尹洙推荐给韩琦、范仲淹,范仲淹认为他是个难得的将才,就送他一部《左氏春秋》说,作为大将如果不知古今之事,就只能是有勇无谋的匹夫。狄青从此刻苦读书,名气也越来越大。他平时谨慎寡言,有了功劳总是让给别的将佐。宋仁宗时西夏入侵,狄青任延州指挥使,带兵御敌,作战时披散头发,戴着铜面具,令敌人闻风丧胆。狄青早年当过兵卒,脸上一直留有当兵士时所刺的符号,后来做了大将,仁宗劝他用药水除去符号,他说:"陛下因功而提拔臣,不问出身门第。臣能有今天,全与这个标记有关,我想留着它,以激励士气,所以不敢从命。"后来广源州蛮侬智高反叛,狄青受命追剿。在大军挺进的过程中,狄青每天都是天刚亮时遣先锋官先出发,然后他自己升帐议事,诸事安排妥当后让将领们坐下饮酒一小杯,稍微吃些饭,大部队就开始行动。几乎天天都是这样,慢慢形成了定制。可是当宋军驻扎在昆仑关前时,第二天就要越过昆仑关,清晨起来,诸将在大帐中等了很久,也未见狄青的人影,眼看太阳已升起很高了,狄青身边的亲随感到很奇怪,赶紧到狄青睡觉的帐篷中察看,这才发现帐中空无一人。大家面面相觑,不知所措。不一会儿传令兵来到,说:"请各位将官过关去吃饭。"大家这才知道原来狄青早已换了衣服,同先锋官先过了昆仑关。

百将图

注水冰城

杨延昭是老将杨继业的儿子,年轻时便随父征战,出任大军的先锋。杨继业死后,宋太宗感其忠勇,擢杨延昭为崇仪副使。宋真宗咸平二年(999),契丹入侵,延昭当时正在遂城(今河北徐水县西),城小兵少,敌军的攻势十分凶猛,形势万分紧急,城中人心惶惶。杨延昭临危不乱,他当机立断,召集城中丁壮帮助守城,打退了契丹军队一次又一次进攻。有一天夜里,刮起了北风,天气非常寒冷,达到了滴水成冰的程度。杨延昭灵机一动,命令军士提来一桶桶井水,从城头上向外城墙泼下,水泼在城墙上,马上结成一层冰,水越倒越多,冰层也越结越厚,等到第二天天亮,遂城已经变成了一座冰城,远远望去,明晃晃的。有了这层厚冰,攻城的契丹军队根本无法再攻,无奈之下只得退兵。杨延昭在弹丸之地的遂城顽强防守,使辽兵无功而返,从此便有了"铁遂城"之说。

杨延昭智勇双全,深沉刚毅,以国事为重,守边期间很少问及家事。治军有方,号令严明,与士卒同甘苦,深得士卒拥戴。守边二十余年,辽兵对他十分敬畏,称他为"杨六郎"。

百将图

单骑赴州

宗泽字汝霖,婺州义乌人,宋朝名将。靖康元年(1126),中丞陈过庭等荐举宗泽代理宗正少卿,充当与金和议使臣。宗泽表示,此番前去,如果金人知错退兵,是最好的结果。否则的话决不屈节而辱使命。宋钦宗怕影响与金人议和,便不让宗泽前去议和,而改派他任磁州知州。当时太原已经沦陷,被派往河北一带的官员大多找借口推诿不去。宗泽认为作为人臣,决不能食禄而逃避危难,于是义无反顾地收拾行装,单人独骑前去赴任。到磁州后,立即修缮城墙,开掘城池,筹备武器,召募勇士,准备长期固守。金兵数千骑袭扰磁州,宗泽身穿铠甲登上城头,命壮士用神臂弓射退金兵,然后开城追击,杀死数百人,缴获的羊马金帛全部用来奖赏给士兵。靖康二年,宗泽任东京(今河南开封)留守,任用岳飞等人屡败金军。金兀术渡过黄河,打算袭击汴梁,不少宋将都建议拆毁桥梁,以阻止金兵的进攻,宗泽却力排众议,说:"去年冬天金国骑兵长驱直入,正是因为我们拆断了桥梁。"他不是消极坐以待毙,而是命部将刘衍等人分头到滑、郑一带活动,以分散敌人的力量。他特别告诫众将要保护桥梁,以便各路人马会合。金人得到消息,连夜毁掉桥梁,落荒而逃。

百将图

水战杨么

南宋名将岳飞少年时就志向远大,家中贫穷,苦学不倦,尤其喜读《左氏春秋》、《孙吴兵法》。天生膂力过人,未及成年便能拉开三百斤的强弓。跟随周同学习射箭,尽得其真传,可以左右开弓。宋高宗绍兴五年(1135),已是清远军节度使的岳飞,随张浚征剿在洞庭湖中占山为王的杨么。岳飞采取分化利诱和武力清剿并举的办法,很快占据了主动。杨么的部将被杀的被杀,投降的投降。岳飞见时机成熟,便带领精兵进入洞庭湖,乘着夜色突袭杨么大营。杨么的大船在湖中心游弋,这种船以木轮激水,行进速度很快。旁边还装置着撞竿,官军的船一靠近,就会被撞坏沉没。岳飞砍伐君山上的树木制造出巨大的木筏,堵塞在湖的各个沟汊中,将腐木乱草从上游漂浮而下,挑选水浅的地方,让善于叫骂的兵士朝着大船上的杨么叫骂挑战,杨么一怒之下驾舟来追,不料木轮被乱草腐木阻塞,大船动弹不得,岳飞立即命令士兵进攻,杨么仓惶驾船向港汊中逃去,却被木筏挡住。官军乘着木筏,顶着牛皮以遮蔽箭和飞石,举起巨木撞击杨么的船,船被撞坏,杨么纵身跳入湖水中,被岳飞部将牛皋捉住斩首。

百将图

桴鼓助战

南宋名将韩世忠字良臣，绥德（今属陕西）人。身材魁伟，勇力过人。十八岁时应募从军。宋金战争开始后，他在河北一带抵抗金军，不久随宋高宗南下，升任浙西制置使。建炎三年（1129）冬天，金兀术渡过长江，宋军难以抵挡，纷纷败退。韩世忠率军从镇江返回，保卫江阴。兀术从广德攻破临安，将宋高宗逼到浙东海上。韩世忠将前军驻扎在青龙镇，中军驻扎在江湾，后军驻扎在海口，准备在金军北归时迎头阻击。当时正逢正月上元节，韩世忠先是悠闲地在秀州（今浙江嘉兴）观赏灯会，然后神不知鬼不觉地率八千精兵直扑镇江。等到金兵赶到镇江时，韩世忠已抢先在焦山寺安营扎寨，凭借长江天险，拦住了金兵退路，严阵以待。金兀术便与韩世忠约定日期展开决战。金军面临退路被断的境地，拼死力战，战斗进行得十分激烈。宋军人数虽少，但据守着有利地形，所以能够与十万金军抗衡。在紧急关头，韩世忠的夫人梁红玉亲自擂鼓为宋军助威，宋军士气大振。金军始终无法渡过长江。韩世忠后来又转战黄天荡，与金兵相持四十八天。他将海船停泊在金山下，预先让壮士手持带钩的铁链，第二天敌船大举来攻，韩世忠将海船分作两路，直插敌船背后，壮士用铁钩猛钩敌船，敌船翻沉，金兵纷纷落入水中。兀术见无计可施，偷偷凿开一条三十里长的渠道，渡过长江，朝北逃去。

百将图

任城血战

宋将杨存中是名将杨震的儿子,其父当年即以弓马娴熟而任安边巡检,后在与西夏战争中战死沙场。杨存中少年时就机警勇敢,力大无比。徽宗宣和末年从军,因作战有功升为忠翊郎。金兵南侵时,他带万余人勤王,隶属张俊,张俊把他推荐给宋高宗。高宗召见并赐袍带给他。后来他带着数骑进入任城,杀死贼兵几百人。高宗在高处望见他身上的甲胄全被鲜血染红,十分赞赏他的勇敢,赶紧叫道:"给这位壮士斟酒来!"不久提升他为殿前都指挥使。

刘豫侵扰定远县,杨存中领兵两千在越家坊将其打得大败。后来又在藕塘相遇,贼兵依山列阵,箭如雨下,杨存中毫不畏惧地向敌阵冲击,让统制吴锡袭击敌兵的正前方,自己带着少数精锐骑兵冲击敌人的腰部,大喊着突入敌阵。敌阵一下子被冲乱了,贼兵大惊失色,纷纷逃散。刘豫用头顶着谋士李愕说:"刚才看见一位长髯将军,锐不可挡,不愧是杨殿前啊!"只带着少数骑兵仓惶逃走。其余一万多人走投无路,存中骑在马背上高声呵斥,这些人全被震住了,束手投降。

杨存中一生经历过大小二百多次战斗,受伤五十余处。还自己设计制造出马皇弩,发射简便,射程很远。孝宗乾道元年(1165)他以太师身份致仕,卒年六十五岁。宋高宗曾把他比作唐朝中兴大将郭子仪。

百将图

涡口占风

南宋名将刘锜是将门之后，箭法很准。曾向盛满水的水桶上射了一箭，令人拔去箭，水桶开始漏水，他张弓又是一箭，原先的箭孔又被堵住了。旁观者无不赞叹。绍兴十年（1140），宋金达成和议，刘锜任东京副留守，带领军民四万多人从临安出发，走到涡口，正在吃饭，忽然刮起一阵狂风，将营帐都刮倒了。刘锜说："这是敌兵来犯的征兆，看来要有一场恶战了。"立即下令火速行动。到了顺昌（今安徽阜阳），金兵果然违背盟约前来进攻。刘锜整顿兵马入城，赶紧加固城防，收集民间门板、车船构筑防御工事。金兵用箭朝城上猛射，不是落入城中，就是扎在木板上。刘锜命弓箭手反击，射死了许多金兵。金兵只得后退十五里。刘锜又召募百名勇士，折竹做成笛子，每人一支，作为信号，前去偷袭金兵大营，当晚阴云密布，电闪雷鸣。当闪电照亮时，宋军奋勇冲杀，电光不亮时，四周漆黑一团，宋军便伏在地上一动不动。金兵不知道宋军来了多少人，心惊胆战，又听到到处是竹笛声，更是吓得魂飞魄散，连夜败退到老婆湾，兀术闻讯后亲自领兵来援，刘锜派人在颍河上游及草中撒毒。正值盛夏，金兵远道而来，人困马乏，饮水食草后纷纷病倒。刘锜乘势自城中杀出，将金军打得大败，兀术狼狈地逃回汴梁城。

百将图

黄柑遗敌

吴玠是德顺军陇干（今甘肃静宁）人，善骑射，北宋末年从军，高宗建炎四年（1130）任秦凤副总管兼凤翔知府，扼守和尚原，阻击金兵。金人调集十万大军，造浮桥强渡渭河，在宝鸡一带扎下连珠营，向和尚原发起进攻。吴玠挑选神射手轮番向金军射箭，号称"驻队矢"，箭如雨下，金人被击退，吴玠又命骑兵出侧翼，断绝敌人粮道。估计金兵支撑不住要撤退了，设下埋伏，金兵一到，伏兵从四面八方杀出，金兵阵脚大乱。吴玠指挥宋军向金军发起夜袭，大败金军，兀术也中了流箭。

不久，金将撒离喝带着大队人马前去偷袭汉中，兴元守将刘子羽急忙派快马送信给吴玠，向他求援。吴玠接信后马上出兵，日夜兼程，急行三百里，赶到后派人送黄柑给撒离喝，说："大军远道而来，特送黄柑止渴。"撒离喝大惊，用手杖敲着地说："吴玠呀吴玠，你怎么来得这么快！"两军大战于饶风岭，宋军居高临下，金兵穿着厚厚的铠甲，登山仰攻。每三人为一组，一人先上，另两人在后掩护，前边的倒下，后边的人接着继续往上攻。吴玠指挥宋军用弓箭射，用大石砸，坚守阵地六昼夜，杀伤大量金兵。

百将图

新立叠阵

吴璘是吴玠之弟。金兵为了打通入蜀的通道,向和尚原的宋军发动猛攻,吴璘与吴玠并肩作战,并建议在仙人关设置第二道防线。金兵后来又以重兵进攻仙人关,不少宋将提议退兵,另选险要地形防守。吴璘态度坚决地说:"才交战就后退,等于是不战而退。我料定金人坚持不了多久,你们等着看吧!"鼓声震天,旗帜飘扬,与金兵血战多日,金兵大败,从此几年不敢再犯。

不久,金军五万驻扎在刘家园,吴璘请求前去袭击。胡世将问他有什么妙策,他说:"有新创立的叠阵法,作战时以长枪手居前,坐着不能起来,再后是最强弓,再后是强弩,跪在地上待发,再后是神臂弓。两军相距百步时,神臂弓先放箭,相距七十步时,强弩一齐发射。阵的外围排列战马,用铁钩相连,出现死伤马上更换。更换时擂鼓为号。摆阵时骑兵在两翼护卫,阵形摆好后骑兵马上退后,这就是叠阵。有了这种阵势,士兵心里就会镇定自若,敌人再强大也无法抵挡。"后来吴璘用这种阵法同金兵交战,果然大败金兵。

百将图

点军纵鸽

曲端字正甫，机敏博学，长于谋略。起初在泾原路为将，先后与西夏和金人作战。张浚任川陕宣抚处置使时，任命曲端为宣州观察使。

有一天，张浚前去检阅曲端的军队，只见曲端手执马鞭，用军礼拜见张浚，身边空无一人。张浚感到很奇怪，就对曲端说明来意，曲端便将他手下五支军队的名册呈上，张浚吩咐先检阅第一队，曲端就打开一个笼子，放出一只鸽子，只见所点的军队齐刷刷来到跟前。张浚大吃一惊，又命检阅所有军兵。曲端将鸽子全部放飞，五支军队一眨眼工夫便在面前集齐。张浚巡视一番，赞叹不已。

曲端与吴玠都是同时代的名将。曲端文武兼备，与金兵作战，屡战屡胜。在白店原与金兵对峙，金将撒离喝登上高处远望曲端的阵形，害怕得嚎啕大哭，被金人戏称为"啼哭郎君"。张浚自从见到曲端"纵鸽点军"之后，心怀疑忌，怕他难以驯服，不好管制，便寻机将他关进大牢，没几天就九窍流血而死。陕西士大夫知道后都深感痛惜。

百将图

入府缚酋

　　王德字子华，通远军熟羊寨人，以武勇应募从军，隶属熙河经略姚古。金兵南侵，姚古驻军怀泽，王德杀了一名敌将回去报功。姚古问他："还敢再去吗？"王德说："敢！"于是带着十六名骑兵，闯入隆德府城，捉住金人任命的太守姚大师。姚大师左右的人慌乱之下要来救应。王德挥刀连杀数十人，其余的都不敢再动。王德这才将姚大师押回宋军大营，献给朝廷。宋钦宗询问当时的情形，姚大师惊魂未定，说："当时只看见一个夜叉。"从此人们便把王德称作"王夜叉"。

　　金兵从合肥入侵，游骑已经到了长江边，张俊打算把军队撤到长江南岸防守。王德不同意，他认为淮河是长江的屏障，丢了淮河，长江也难以守卫，不如趁敌人立足未稳，粮草难以接济，发动突袭，一定能获胜。张俊举棋不定，王德说："我与儿子带兵先渡江，拿下和州，宣抚再北渡。"张俊这才同意，王德父子便渡过采石矶，于夜间攻下和州，凌晨，张俊率大队人马入城，金兵退守昭关，再次被王德击败。王德一直把金兵追到柘皋，与金兵夹河对峙。宋军各路人马齐集，只有张俊未到，王德说："机不可失，何必要等待！"一鼓作气，冲向敌阵，先射死一名敌将，然后带领一万宋军手执长斧齐头并进，一直把金兵赶上紫金山。

百将图

建旗骇敌

宋将毕再遇是临安人，身材短小精悍，膂力过人，后来应募从军，作战十分勇敢，孝宗淳熙年间，他屡立战功，勇冠三军，是有名的骁将。到宁宗开禧二年（1206），宋军进攻金国失利，金兵乘机反攻，宋军大败。此时毕再遇已经六十岁了，仍在军中效力。当金兵来攻时，他披散头发，戴着头盔和铁面具，身上贴着金黄色的纸钱，身后的随从扛着一面大旗，上书"毕将军"三个大字。金人骑兵望见他的大旗，都面面相觑，露出惊愕的神色。毕再遇趁着金兵惊疑之际，横刀跃马冲入金兵阵中，横冲直撞，如入无人之境。金兵死伤惨重，大败而逃。原来金国有毕将军庙，十分灵应，毕再遇的打扮与庙中的"毕将军"像十分相像，加上他又打出毕将军的旗号，金人都以为遇到了本国的神灵，所以不敢轻举妄动，被毕再遇打了个措手不及。

百将图

酹酒止风

李宝是河北人，曾身陷金人统治区，后来脱身，从海道投奔南宋，被授以浙西路马步副总管，指挥水军防御金兵。手下有船一百二十艘，士兵三千名，都是闽、浙一带的弓箭手。李宝驻扎在江阴，先派其子李公佐前去打探敌军虚实动静,然后率船队出发。手下兵士说现在正刮着西北风，逆风行船对我军不利。李宝下令说，谁敢动摇军心，定斩不饶！行了三天，风越刮越大，船队被刮得七零八落，不成队形，李宝慷慨激昂地对左右的人说："这是上天在考验我的心志，我心如铁石，不可动摇！"说着端起酒杯对天发誓，说来也怪，狂风一下子停了。第二天，失散的船只陆续聚在一起，这时候得到消息说，李公佐与魏胜已经占领海州。李宝高兴地念叨说："儿子没有辜负我啊！"宋军士气大增，兼程前行。不料大风又刮了起来，浪涛如山，李宝面不改色，指挥船队直抵东海。此时金兵已将海州团团围住，旌旗绵延几十里。李宝与宋军登岸，用剑画地，下命令说："这次又不是收复我的家乡，胜负如何，就看你们的了！"说罢挺着长槊冲上前去，将士们奋勇出击，以一当十，很快将金兵击退。李宝这次胜利影响巨大，金主完颜亮听到金军失败的消息后大怒，召集诸将，限定三天内打过长江。结果激起内讧，完颜亮被杀死。

百将图

据关饮宴

魏胜是南宋时期一员猛将,智勇双全,善于骑射,应募为弓箭手。金兵南侵时,他挺身而出,招募三百义士,渡过淮河,接连收复多座县邑,声威大振。金兵一万多人攻打海州(今江苏连云港西南),他设下埋伏,大败金兵,杀死其主将。沂蒙一带民众几十万人占据苍山,金兵大举围攻,魏胜知道后马上领兵去救,在山下中了金兵埋伏,他让部下先上山寨,自己在后边掩护,金兵见状,知道他是主将,就用五百名骑兵把他团团围住,魏胜挥舞大刀左冲右突,身中数十枪,终于杀出重围,金兵紧追不舍,用箭乱射,魏胜的马被射中,他弃马步行,跑上山寨。金兵逼近山寨,魏胜登上寨楼,饮酒听乐,犒赏军士,吩咐手下人稳固防守,不要和金兵厮杀。金兵料想正面强攻不行,便渡河袭击后山。魏胜收兵入城,金兵来追,魏胜单人独骑上前阻截,喊一声"魏胜在此!"追兵就不敢再追。金兵只要一见"山东魏胜"的旗号,就望风而逃。魏胜干脆叫人做了十几面旗子,秘密交给手下将领,和金兵激战的时候,只要打出旗号,金兵马上退避。

宋孝宗隆兴二年(1164),和议尚未确定,金军突然进攻,魏胜奋勇迎击,因大将刘宝不肯援救,孤军苦战,不幸中箭而死。

百将图

回军斩将

伯颜是元朝大将，蒙古巴邻部人，生长于西亚的伊儿汗国，因入朝奏事，被元世祖留用。至元十一年（1274）任中书左丞相，领兵攻宋，由襄阳沿汉水东下，进攻郢州，途中遇到大雨，汉水暴涨，又找不到船，伯颜说："大江我都可以飞渡，何况是这小河沟！"找来一名壮士骑着马在前边带路，大军全部涉水过江。郢州城池非常坚固，宋朝派重兵把守。伯颜打算绕过郢州直接东下，诸将却认为郢州是咽喉要地，不攻占会留下后患。伯颜说："攻城是下策，我们兴师动众难道就是为了攻城吗？"毅然决定舍弃郢州城，大军顺流而下，伯颜与不到一百名骑兵殿后。郢州守将赵文义、范兴带两千骑兵来偷袭。伯颜来不及穿上甲胄，立即回军迎战，杀死赵文义，擒杀范兴。

当年十二月，伯颜率军乘船进入长江，至元十三年攻陷临安，俘谢太后，恭帝等而返。

应当指出，伯颜尽管很有军事才能，但由于当时蒙古贵族发动的是侵略战争，伯颜的勇猛善战只能是给中原人民造成更大的灾难。

百将图

里门举狮

元代人史弼,字君佐,蠡州博野人,十七岁时在田间劳作,中午困乏,就在一棵桑树下休息。父亲来给他送饭,发现一条蛇钻进他口中,大惊失色,急忙跑到跟前把他叫醒,问他他却说没有感到异样。从此他的力气大增,如有神助。在史弼家所住的里巷门口,有一座重四百斤的石狮子,无人能够挪动,史弼把狮子举起来,还能走动几步。元世祖听说有史弼这么一个壮士,便召见了他,让他射箭,他箭箭射中靶心。于是让他出任管军总管。后来他奉命随伯颜南征,进攻沙洋堡时,手臂被流箭射中,他一声不响,继续战斗。等到攻破城池后,这才发现衣袖已被血浸透了。进攻阳罗堡时,伯颜动员将士说:"先登上南岸的记头功!"史弼率领健卒冲在前面,锐不可挡,一下子将宋军冲散。伯颜登上南岸后,论功行赏,给史弼记了头功。

百将图

伏阶请罪

徐达字天德，濠州（治在今安徽凤阳）人，世代务农。长身高颧，刚毅英武。元朝末年，明太祖朱元璋征讨张士诚，以徐达为元帅，率领二十万大军，一路攻城拔寨，直逼张士诚的老巢苏州，把苏州城围得水泄不通，一边命士兵准备各种器具，打算攻城。当时吴锡的莫天祐与张士诚遥相呼应，其部将杨茂春善于游水，天祐派他和张士诚联系，被徐达部下军兵捉住，徐达对他好言抚慰，杨茂春很受感动，便把自己所掌握的情况都告诉了徐达，徐达由此知道苏州城中已经断粮，于是指挥将士大举进攻，活捉了张士诚。

明太祖朱元璋念及徐达功勋卓著，却没有自己的府邸，就想把他的旧居赐给徐达。徐达坚决推辞。朱元璋又想了个办法，有一天他与徐达一起到自己的旧居，逼着徐达喝了许多酒，酩酊大醉，昏昏睡去，他便拿来一床被子蒙在徐达身上，把徐达抬到正屋的大床上。徐达醒来后，大吃一惊，赶紧跪在台阶下，口中连连说道："臣罪该万死！"朱元璋见状哈哈大笑，命人在他旧居旁边为徐达另建了一座宅第。

百将图

184

超登采石

　　常遇春字伯仁，怀远人，是明朝的开国大将。他最初跟随刘聚占山为盗，后来有一天困乏，躺在地上休息，梦见神人对他说："快起来，你的主君来了！"常遇春猛地惊醒，正好朱元璋来到，常遇春赶紧迎拜，请求做朱元璋的先锋官。朱元璋说："你是饿极了，想来混口饭吃吧？况且你有主人，我怎么能随便收留你呢？"常遇春叩头哭泣着说："刘聚不过是个江湖大盗，大会有大的作为。如果能为您效力，就是死了也心甘情愿！"朱元璋仍然不答应。等到朱元璋的军队渡过长江，抵达采石矶时，只见元军在矶上严阵以待。明军的大船到不了跟前，距矶岸尚有三丈多远，无法登矶。正在这时，常遇春驾着一叶小舟飞快地赶到，朱元璋便让他打头阵，常遇春手持长戈朝矶上的元军刺去，元军忙用手抓住他的戈，常遇春乘势飞身一跃，便跃上矶岸，大喊着扑向元军，元军招架不住。其他将士也一齐跟上，很快就占领了采石矶。

百将图

麾退女乐

　　李文忠小名保儿，盱眙人，明太祖朱元璋姐姐的儿子。十二岁时母亲去世，父亲李贞带着他颠沛流离，九死一生，最后才投靠朱元璋。朱元璋十分喜欢这个外甥，抚养成人后，便让他从军。李文忠勇敢善战，屡建功勋，在与张士诚对峙期间，李文忠采纳胡深的建议，在距诸全五十里处另筑一座新城，以便互相照应。张士诚感到很不安，就派司徒李伯升带二十万人进攻新城。李文忠也带兵前去救援，离城十里扎下营帐。新城守将胡德济派人捎信给李文忠，说贼兵人多势众，应当避其锋芒，等待大军来到。李文忠说："等到大军来到，新城就另有归属了！"于是带领精锐骑兵冲向敌阵，大败敌军。

　　不久，李文忠受命统领浙江境内军队进攻张士诚，快到杭州时，杭州主帅潘原明派人向李文忠表示归顺。李文忠质问说："还未交战就降服，是不是用的缓兵之计？"使者说："杭州吏民早就盼着王师到来，谁也不想缓兵。"第二天李文忠率军入城，潘原明准备了歌女迎接。李文忠令歌女退下，把帅帐设在城楼上，下令说："擅入民居者死！"一个兵卒借了百姓的锅，李文忠当即将其处死，从此城中秩序井然。

百将图

一鼓夺山

明将傅友德是宿州人，骁勇善战，武艺高强，击、刺、骑、射样样精通。早年曾跟从李喜之啸聚山林，后又投奔明玉珍，明玉珍不善于用人，又投靠陈友谅，郁郁不得志。后来听说明太祖朱元璋率船队征江州，便带领部下去小孤山谒见朱元璋，朱元璋认为他是个奇才，就拜为别将，归常遇春统辖。明军在鄱阳湖上与陈友谅决战时，傅友德驾着轻舟冲锋陷阵，全身多处受伤，他斗志丝毫不减，又与其他将领在泾江口合围，击败了陈友谅。此后转战武昌，城东南方有座高冠山，可以俯瞰全城，是兵家必争之地。朱元璋对众将说："谁能拿下这个山头，重重有赏。"傅友德带着几百人奋勇直前，在第一通鼓声响过之后，便杀散据守的敌兵，夺下了这座小山。在战斗中他的面颊被流箭射中，鲜血直流，肋骨也被射穿。

百将图

白石济师

明将沐英字文英,定远人,十八岁就被授予殿前都尉一职,明太祖朱元璋对他很器重,不久拜征南右副将军,同将军傅友德一起进攻云南的元军。盘踞在云南的元梁王命大将达里麻带着十几万大军到曲靖迎击明军。沐英让明军借着大雾天气朝白石江火速前进,等到雾散,明军已赶到江边,与元军隔江相望,达里麻大惊失色。傅友德打算命明军强渡白石江,沐英反对说:"我军远道而来,十分疲惫,若敌人扼守江岸,我军就很难取胜。"于是他下令让各路人马摆开阵势,做出要强渡的样子,另外派一支奇兵从下游渡过白石江,绕到元军背后,在山上晃动旗帜,每人吹起铜号。元军摸不清虚实,以为受到夹击,惊慌失措,乱成一团。沐英见时机已到,下令大军强行渡江,让一部分水性好的兵士先游过江去,用长刀一阵猛砍,打退岸边的守敌。然后大队人马全部渡过白石江,与元军展开激战。当战斗进行到难解难分的时候,沐英派出精锐骑兵投入战斗,元军终于无法抵敌,溃不成军,主将达里麻也被生擒。白石江之战是明军进入云南后的关键一战,此后明军长驱直入,很快控制了云南全境。沐英后来一直镇守云南,死后追封为黔宁王,他的子孙也世世代代做云南王。

百将图

立斩三酋

沈希仪字唐佐，贵县人，是明朝正德、嘉靖年间的名将。在征讨永安一带盗匪时，盗匪数百人袭击陈村寨，官军与其展开激战，战斗中沈希仪的战马陷入泥潭中，只见他腾身一跃，就从马背跳到岸上。三名盗匪头领见他没了战马，一齐上来夹攻他，三人的镖、刀、弩同时向他袭来。沈希仪不慌不忙，脖子一歪躲过飞镖，向右一跳闪过钢刀，瞄准发镖者就是一箭，正中咽喉而死。又抽刀朝持刀者砍去，正好砍中头部，当即死去。再一回身将持弩者也砍倒在地。

荔浦一带盗匪八千人渡江向东劫掠，沈希仪率五百人阻截。在盗匪必经之路上有两条水道，分别是蛟龙滩和滑石滩，滑石滩狭窄难行，需要牵着绳索才能过去，而蛟龙滩宽阔平坦，难以把守。沈希仪想方设法要逼着敌人从滑石滩通过。他命人砍来竹子编成许多竹筏，停泊在蛟龙滩一带，竹筏上插着旗帜，又让几十名老弱兵士在那里把守。盗匪果然从滑石滩通过。沈希仪命精锐兵士乘着小艇埋伏在芦苇丛中，等到盗匪过了一半时，一齐冲出，岸上的军兵也齐声呐喊助威。盗匪惊恐万状，纷纷坠入水中。

百将图

楼船击倭

俞大猷是明代抗倭名将，福建晋江人，历任参将、总兵等官。倭寇侵扰东南沿海一带时，俞大猷任南直副总兵，转战江、浙、闽、粤各地，屡立战功。后来倭寇为患越来越厉害，俞大猷便提出造楼船打击倭寇的主张，他说："要保证长江下游的安宁，就必须先防守好海岸线。水军的作用比陆军大，因为倭寇擅长在陆地上作战，如果在水面作战，他们就占不了多大便宜了。我们可以建造高大的楼船，上面配备大量火炮，遇到倭寇的船只，就可以将其摧毁在海上，这样就可以减轻陆地上的压力。"后来明军按照俞大猷的建议，建造楼船，加强水军，果然扭转了战局，有效地打击了倭寇的嚣张气焰，舟山一带多年未能剿除的倭寇一下子绝迹了。

百将图

阵演鸳鸯

戚继光是山东蓬莱人，出身将门，自幼便有远大抱负。嘉靖三十四年（1555）调浙江任参将，抵抗倭寇。他见旧军素质不高，战斗力不强，特意在浙江义乌招募农民矿工，编练新军，人称"戚家军"，是抗倭的主力。戚继光率领这支军队东征西讨，多次重创倭寇，最终彻底解除了东南倭患。隆庆元年（1567），戚继光被张居正调到北方镇守蓟州，他发现原有的边墙不够坚固和实用，就设计修建了高达五丈的敌台，站在台上可以瞭望四周，台内部有三层，可以容纳上百人。敌台修好台，大大加强了明朝北方的防务。据说戚继光嫌边卒太散漫，在浙江招募了三千兵士。有一天这些浙江兵在郊外操练，正逢下大雨，从早晨到下午，任凭雨水浇头，端端地站在那里，纹丝不动。那些边兵在旁边观看，受到很大震动，这才知道军令如山的含义。

戚继光在作战时经常运用一种鸳鸯阵法，大致是以手执盾牌、狼牙棒、长枪、短刀的兵士巧妙组合，互相保护，取长补短，进可制敌，退可自保。这种战斗单位十分有效，在对敌作战过程中发挥了很大作用。

百将图

平台赐彩

秦良玉是明朝末年一位著名的女将，四川忠州（今忠县）人。本是石砫宣抚使马千乘之妻，马千乘死后，她代领其职。为人果敢刚毅，胆识超群，善于骑射。手下军兵所持长枪一律用白蜡木做枪杆，骁勇善战，军纪严明，人称"白杆兵"，远近闻名。崇祯二年（1629），后金军队绕道自古北口入长城，进围北京，崇祯帝调各地兵马勤王，秦良玉即于崇祯三年（1630）率军援救京师。她拿出自己的家产充实军饷，崇祯皇帝对她十分赞赏，特意在大殿的平台上召见了她，赏赐许多彩缎以及肥羊美酒等，并做了四首诗为她庆功。

图书在版编目(CIP)数据

百将图/侯蔼奇 等编.—西安：三秦出版社,2000.5
(2023.6重印)

(图文版人物写真)

ISBN 978－7－80628－395－0

Ⅰ.①百… Ⅱ.①侯… Ⅲ.①军事家－生平事迹－中国－古代－图集 Ⅳ.①K825.2－64

中国国家版本馆 CIP 数据核字(2023)第 092310 号

百将图

侯蔼奇 等编

出版发行	三秦出版社
社　　址	西安市雁塔区曲江新区登高路1388号
电　　话	(029)81205236
网　　址	http://www.sqcbs.cn
邮政编码	710061
经　　销	全国各新华书店
印　　刷	山东阳谷毕升印务有限公司
开　　本	720×1000
印　　张	13
字　　数	62千字
版　　次	2000年5月第1版
印　　次	2023年6月第2次印刷
印　　数	8001－13,000册
标准书号	ISBN 978－7－80628－395－0
定　　价	46.80元

版权所有　侵权必究

凡有缺页、倒页、脱页、可与工厂直接调换。